大展好書　好書大展
品嘗好書・冠群可期

武術特輯
102

詳解陰陽相濟
的太極勁法
+DVD

林冠澄 著

大展出版社有限公司

國家圖書館出版品預行編目資料

詳解陰陽相濟的太極勁法 / 林冠澄 著
－初版－臺北市：大展，2008【民 97.09】
面；21 公分－（武術特輯；102）
ISBN 978-957-468-634-6　　（平裝；附數位影音光碟）
1. 太極拳
528.972　　　　　　　　　　97012840

詳解陰陽相濟的太極勁法

著　　者／林　冠　澄
發 行 人／蔡　森　明
出 版 者／大展出版社有限公司
社　　址／台北市北投區（石牌）致遠一路 2 段 12 巷 1 號
電　　話／(02) 28236031・28236033・28233123
傳　　真／(02) 28272069
郵政劃撥／01669551
網　　址／www.dah-jaan.com.tw
E-mail／service@dah-jaan.com.tw
登 記 證／局版臺業字第 2171 號
承 印 者／凌祥彩色印刷有限公司
裝　　訂／承安裝訂有限公司
排 版 者／弘益電腦排版有限公司
初版 1 刷／2008 年（民 97 年） 9 月
初版 3 刷／2014 年（民 103 年） 6 月　　　　　　定價／450 元

目　　錄

詳解　陰陽相濟的太極勁法

詳解　陰陽相濟的太極勁法

序

冠澄道兄又要出新書了，索序於我。

我是又驚、又喜、又佩服！

應其雅意，就來介紹其人、其技，與其書吧：

武術書古罕其傳。只因爲，少有撰述。而之所以著作不多的原因，大致上有：

一、武術本是身心操練的技法，文字很難貼切地描繪形象，解析功法。

二、武夫不文，不能夠紀錄寶貴的傳承，及發表辛苦結晶的創造。

三、武術乃殺伐的利器，萬一習者不肖，就可能殺人造反。又或是一己的技法外洩，生怕會喪亡於仇家之手。於是武術遂有保密、欺敵、技不輕傳的風習，還談什麼著書行世！？

一百年前，武術大敗於於鎗炮，古戰場上數千年來耀武揚威所憑藉的珍寶，竟遭淘汰！練武，逐漸變爲身心健康的活動。

民國以後，抗日戰前，一度乃有蠻多武術書籍之出版，史無前例。而且，直到今日，這批武書仍然不斷地在香港、臺灣，和大陸上翻印刊行……

一般可視之爲「早期古典」。

7

序

中共建國以後，曾提倡過所謂「民族型式的體育」。武術活動在各省市地舉辦，武術著作也受到了鼓勵。而、「樣板武術」的合成與策略，也在逐漸地孕育、成形之中……是之謂第一時期。

「文化大革命」後，百廢待興。民生問題自屬首要，而武術居然可以生財！於是就在「武術搭臺，經貿唱戲」的務實風潮下，武術再次抬頭，大展拳腳！既使撇開直接的活動、表演、比賽、參訪、會議……以及相關的產業：器材、服裝等等不談，單看武術出版之紅火，只見那：

武術書籍的撰作之盛況，真正是「百花齊放」、「百家爭鳴」。就是同有史以來武術圖書之總和相比較，也只能瞠乎其後，望塵莫及……

其次，武術專門期刊的種類與發行量，一片興旺，勇冠三軍！近年雖有消減，仍然在雜誌類的出版品中，傲視群儕。

再次，則是隨著科技的普及，功夫電影的賣座，回饋了武術的發展。武術影帶和光碟的新流行，方興未艾。使學習、傳播大為稱便。電視臺的武術節目，收視率屢報奪冠！這就是可稱為第二時期的今日實況，而迄今仍在或正或誤，有好有歹的發展之中途……

至於第三時期，則尚未來臨。雖然令人盼望，但它的成熟與誕生，條件嚴苛，略一屈指，大約就有：

「樣板武術」徹底檢討，武術路線重新擘劃。國內整合傳統與現代，創制武術新風貌。夫然後，再談什麼叫做：進軍國際，為全人類而服務。

到那時，武術出版物的數量，因讀者水準的提高而減

少。武術圖書的質地，也同樣因爲讀者水準的提高而上升。投機性的作品，自然淘汰。武術佳作的獎勵、排行榜成爲每一年度眾所矚目的盛事。

以及，妖言惑眾的神功、秘術，不再能在社會上開班，函授。行騙斂財的伎倆，漸被人民「雪亮的眼睛」所戳破。練武術居然妄想得一本異書秘訣，吃一株奇花異果，就「暴長一甲子功力」，眾所周知，那只是武俠小說，功夫電影，與格鬥電玩中的動人情節。

回頭再來談談武術書。無分古今中外，大約可分爲三類：

一類是：出書只是手段，旨在名利。或爲自己打廣告，或爲他人做打手。這種武術書前已有之，現今常見，將來也不會絕種。然而，不值一提。

二類則是：學者型的，研究性的。上天下地，撿拾資料，排比類分，綱舉目張。「無一字無來歷」的努力，是可敬的。可憐的是文獻不足，而且也常不足據。不免落入盡信書，不如有功夫的絕境；而猶振振有詞，堅不欲悟，只認死理，忘記了孰主（武術）孰奴（資料）的天倫關係！

不過，這一類的作品中，對於資料的挖掘、爬梳、條析、辨僞的功夫，也是有貢獻的。是之謂：「有價值的編纂」，有助於研究工作的發展。

有趣的事情是，這種書籍、論文的撰述，只要有學術訓練即可，並不需要武術的訓練。書生可以捉筆，並不一定需要提刀。

至於這第三類呢，則是武術家責無旁貸的天職。也就

是：勤學苦練，身通武藝。不應守默，也不能自己地將學習的心得，紀錄述作，公開發表。無論是對舊傳的理技作闡述，無論是將新創的收穫供分享。

什麼叫血汗耕耘？什麼叫心血灌溉？苟遇這種作品，那怕是片紙隻字，也是價值萬金！

比如冠澄經已發表於公元 2002 年、2005 年，以及今年 2008 年的三本大作，就是屬於此類。

寫書，其實不難，難的是：寫什麼？

冠澄七年之內，連出三書，我的感覺只有二字，可怕！

我怕的，當然不是他下筆之快；而是他的：進功之勤！

學習武術的人，第一怕心氣不高，胃納有限。稍有所得，就或者是悠然自賞，或者是求售於市。不再前進，不再探險。武術為他服了務，他對武術不貢獻。

第二怕的是：有心求進，也肯用功。每每限於條件：師友、環境、體質、心性……雖云努力，難求寸功。別說什麼提升、飛躍；就是匍伏前進，也盡是些欲爬難前的無力太息……

於是，同道武友師兄弟們久別重逢，如能英姿似乎未減，功夫彷彿依舊的，已屬身有異稟，難能可貴。十之八九是形貌衰於上，功力退於下；百憂攻心，而一籌莫展……我本人頗不自謙，很可以現身說法！

至於說那第三可怕的，就好比冠澄了！好學深思，精進勇猛。一方面教學相長，一方面自我對話。研析拳經拳論，則直探白文，撇除疏注，面對先賢。練習招式套路，則外驗身手，內證意氣，不拘泥於形貌異同的小氣兮兮的斤斤計

較。

如此積有年所，終於自成一家。而、迄今仍在精益求精，永不止息……隨時隨地，隨法隨式，都在「以今日之我，戰昨日之我」！之所以能在最短期限，連出三書，實因爲積學有得，佳績迭出；情有所鍾，事非得已啊！

武術在今日，既不能用以報父仇，又不能憑它上戰場。私人決鬥？犯法。擂臺比賽？只是少數人的事——大多數人是觀眾。而且，根本就不介意打得如何？是不是眞正的中國武術？而只在滿足拳拳到肉的嗜血「肉」慾。只要打得結棍，不怕死傷；其實，根本不必學過任何武術！

今日學習武術的大多數人，其宗旨並非追求武術本身。而是通過武術，達成人生社會上各種不同的目標。

有的，把武術作爲一種宗教來膜拜，一種家族來團聚。信仰門派，祭祀師尊。忠實虔誠，終身不渝。使在疏離冷漠的現代社會上，有依傍，有歸屬。有事，則互助互惠；平居，則和樂融融……以武術爲凝聚力，埋下一方方社會大廈的磐石，是其隱性的貢獻。

另有一些，是爲了一圓年輕時代多情善感的俠客夢。每度拔劍，豪氣滿胸。不要管劍術如何，自我感覺良好就好。殺惡人、鋤姦黨、抱不平、行公道；當然，別忘了抱得美人歸！這些，全是心裡頭的事兒，同汗下如雨，氣喘如牛沒關係。而、想當俠客，總是好事。每天練練武術，「吾乃大俠是也」！還能做出奸巧小人的行徑來危害社會嗎？

而有些則是文化的認同、回歸，身體力行。才藝的修養、消遣，古雅高尚。優質的社交、活動，以武會友。吃喝

嫖賭少一些，社區文明就高一些了。

又或者，練武是爲了健康。有病治病，無病強身。免除自己之疾苦，減輕社會的負擔。提高生活的品質，維繫家庭之和樂。中國武術舉世無雙的內「運」外「動」之功法，必將成爲二十一世紀身心環保的新時尚。

此外更還另有一種，則是把武術用作心理病態的診療師。通過門派的傳承，名師的隨侍，適度的鍛練，長期的投入；也有或多或寡的徒眾，進行或知或否的療程。寄情神聖，儼然師表。才可以面對自己，才能夠堂堂面世。也就在有意無意之間，建立起爲人在世最最基本最最重要的需求——尊嚴。

以上每種每類，都有它的必須性，與眞價值。可以滿足個人，間接服務人群。是不可能消除，也不應該輕視的。

武術，需要全面的提倡；人生，各有不同的追求。不管將武術工作推向什麼不同的方向，人人都應拼命宣傳自己的好處——提倡武術；而切不可拿自己的本位，去議論別人與你不同的是非——破壞武術。苟能如此，也唯有如此，才能夠眞正展現全方位的武術大工程！

只不過，鮮花朵朵盛開，一片繁榮似錦當然好。而、它那泥中土裏，難見天日的根——也就是武術的本身本體——呢？根本如果不強壯，花果從何而滋生！？

是不是也應該有人逕將武術當作武術，直愣愣地面對武術本尊，來做一些固本培元的基礎工程呢？

否則，再若干年的風雨飄搖，武術「根本」死亡之後，那許許多多，各種各類由武術枝生蔓衍的個人成效，社會福利，其花果飄零，且永難再生的局面，難道可以避免得了

嗎？

　　當然，真正從事武術本體之研修的人，一定是絕對的少數。何況，再怎麼用功，再怎麼成就，其有形無形的報酬，不但太少，而且極難獲得。

　　這是一條小路，孤單寂寞，險阻難行……要有堅強的意志，絕對的勇氣，一路殺去，無法回頭──像獨行俠。而這，也像一種修行，睨視武術，白刃肉袒，直前求死，無悔無求──像苦行僧。更好玩的是：只怕還要有幾份神似孫行者才行呢！

　　只因，武術的本真流失，不先重建，何來傳承？而、面對九九八十一洞的山精野怪，真要有孫大聖那般騰雲駕霧，七十二變，水火不侵，三頭六臂之奇能，斯可以歷劫不卻，取得真經，宏宣大法，而造福生民哪！

　　具有這樣能力，這樣機會的武術人才，其實，並非少見。少見的是具有如此志願，肯去如此耕耘的武術人，如冠澄者，一將難求！

　　如果讀其書，知其藝，還應該要認識其人的話。那麼，冠澄之與武術，確有數事可述：

　　首先，就是他的科學精神，以實驗來檢驗真理。天地祖宗不足法，一是唯以事實為依歸。為今日最最需要的「科學武術」──不是武術學科──發出了呼喚，樹立了楷模。

　　夫然後，在此基本質性上，他乃能盡脫羈絆，發足衝陣，身體力行，勇往直前。先天的聰敏，後天的精進，其成績既快又好，令人歎服……

　　而令人更加欽佩的是：在他探得驪龍頷下珠之後，並不

懷璧自珍，謀圖一己之名利。反而是勇於述造，盼望武術全體之提升。這一份胸襟、氣度，其實，也就是眞武術家所應該具有的英雄本色！

我認爲他的研修，雖以太極拳術入手，卻已探得了太極之理法。而太極的陰陽之理，本是古老哲學體現在武術上頭的基本大原則。乃是普世之眞理，而非一家之獨得。因而，冠澄以現代圖文，著書立說之理技，不但可以爲專修太極拳的人士作參考，也可以營養其他門派的武術諸同道。

我的淺見認爲：他的大作，應該可以另錫嘉名，以彰其旨。然而，冠澄謙謙君子，不肯忘本。幾次迴避了我的拙議，仍以三本一系列的書名，呈現給嗜武慕道的諸位同修大德之面前……

關於這三本力作，我甚榮幸，不但先睹爲快，且在恭撰序文之中途，三次都曾受到他對已經完成的原稿再修再改的要求。有多次是重寫某頁某段；而有兩回，更將全書重新打印過了再給我！其所投入的心力，應可覘見。

至於平日往還，談武論藝。經常發生的情況是：他又發現了什麼，感悟到了什麼什麼……或者是：他又推翻了自己的那些，修訂了書稿的那些那些……

而無論是約期見面，做給我看；或是電話詳述，發傳眞，「伊妹兒」，我都分享到他那份發自內心的歡欣，喜形於色的天眞！而在那自信、自喜、自得意之中，又還總有一份仍然以爲不足的自謙之風儀……

冠澄道兄都已經耳順之年啦，還能保有如此的童心；哎，這就更加不容易了！

自　序

　　太極拳是結合了哲理（道）與武藝（藝）的一種拳術。太極拳的學習，由哲理的理解開始是必經的途徑，經「心知」的建立，漸進於身體「身知」的訓練，最後達到「心知」等於「身知」的實現。

　　雖然各門派在陳述各該門派太極拳的思想（心知）時，都會提到「太極」或「陰陽相濟」等名詞，但藉由思想轉化爲身體的運作及表現方式（身知）時，各門派所呈現出來的，卻有不少的差異，有的是「先陰後陽」，有的是「陰的終點是陽的起點，陽的終點是陰的起點，循環無間」，有的是「先由剛練柔，然後由柔練剛，最後爲陰陽相濟」，有的是「太極即開合，開合即太極」，有的是「五陰五陽、陰陽同在、陰陽同出」等各種見解。

　　基於「五陰五陽」、「陰陽同在」、「陰陽同出」之理，開發出來之陰陽相濟的太極拳及太極勁法，在「太極」及「陰陽相濟」的內涵上及身體的運作展現上，和其他門派太極拳則有諸多的差異。

　　以「陰陽相濟」爲核心的思想，除有開創性的見解之外，更將此一思想貫串於功法訓練、盤架練習、接發勁的運作中，以及「純加法」的移位法、「體用合一」的教學特色，「足弓、垂直軸、雙環轉、立體三環轉、膝窩、S形拳架、虛擬空間」的開發，「反射勁路圖」的創見，「以快打

慢、以強打弱、以大打小、以多欺少」逆向思考的太極拳特色，「用意不用力、用意也用力、意力不分」三部曲的主張等等思想，建構出別具特色之陰陽相濟的「太極拳」及「太極勁法」。

至今28年的太極拳及太極勁法的學習（1980年8月開始），以及歷經約18年（約為1987年～2005年）的困頓、質疑與研發，由破論到立論，由領悟到實證，再由實證、精煉、到功法的不斷推陳出新、由單篇文章到《陰陽相濟的太極拳》及《細說 陰陽相濟的太極拳》兩本著作，出書之後不斷增添的新教學內容、以及幾乎不同於一般太極拳界的教學流程與方法，自成一個獨特風格。擁有「思想體系」、「理論架構」、「操作內涵」、「接戰思維」、「訓練系統」等五大項既有深度又有廣度的一套體系。

同時在自我練習及研發的歲月中，深深以為一個太極拳或太極勁法的傳授者，應期許的，不僅是理論的研修者、實務的實踐者，更應是開發新理論、發掘種種有助於太極拳運作的人體結構、採行快速獲得成效的「多元合一訓練方法」之開創者。於是各種新功法的開發，新思維的提出，進階的訓練內容，拳經拳論的論辨，以及「境界的昇華」修練途徑的心得介紹等，幾乎已將歷年來思想體系的建立，對太極拳、太極勁法的研發，及運作的內涵有了相當完整的陳述。

此外太極「勁法」是太極「拳」的昇華，是許多太極拳愛好者，除了健身養生之外的追求目標，夢寐以求的願景。在前兩本書上市後，很多讀者與筆者聯繫中多表達了這方面的看法，因此，願藉此書向各位同好詳解此領域的認知與操作內容。

本書書名《詳解　陰陽相濟的太極勁法》，係指透過「陰陽比值相等同時反向運作的結構」之「太極結構」、功法訓練的「生理結構」及 S 形運作的「S 形結構」所進行的內家拳之內在功法的鍛鍊，構成接發勁所需求能量（勁力）的呈現，與以氣運「丹田」而產生內勁的運作，是截然不同的運作方式。

　　再者由於書名是《詳解　陰陽相濟的太極勁法》，不同於前兩本書的書名《……的太極拳》，爲方便未曾閱讀過前兩本書的讀者，在這本書上就可看到有關於陰陽相濟的太極拳之中心思想及運作內涵的全貌，特別將前兩本書中較爲重要的思想及運作的部份抽出，併在本書中再度呈現，敬請舊雨新知諒察。

　　陰陽相濟的太極勁法目前尚未普及，但在普及的路途上，認識者、來學者已漸漸增加，爲便於今後教、學的方便及達成階段性教、學的效果，由起步的練習到高級境界之內容，依訓練的階段區分爲初級訓練階段、中級訓練階段及高級訓練階段的層次結構，讓傳授者知道那個階段教那些內容，讓習練者對於本身學習的全部內容有所認識，在書中都有按部就班的安排及說明。

　　本書內容相當豐富（站樁及推手除外），範圍超過前兩本書的內容，在教學的過程中，傳授者祇要能依循上列階段內容施教，受教者也能依循施教內容用心學習，一定可以達到相當高的層次，因爲我就是依循這樣的思維、這樣的練習方式，成長、茁壯的！

　　　　　林冠澄　戊子年春於台北市北投區

前兩本書的提要

本書是筆者的第三本書，之前已有兩本書問世，第一本書名《陰陽相濟的太極拳》，第二本書名《細說 陰陽相濟的太極拳》。

第一本《陰陽相濟的太極拳》發行於 2002 年 9 月（逸文出版社），全書以直立式單向發勁的演示爲封面，內容共分六大章。

第一章「太極陰陽的理論探討」，介紹筆者所認識、存在於人間萬象中的「太極陰陽」道理，進而與拳經拳論的內涵相對照，從中看到人們較爲熟知的拳經拳論，所描述的合理、不合理或有瑕疵的問題。

第二章「部分人對太極陰陽的思維與我對太極陰陽的思維之比較」，分別以「太極陰陽的部分」及「兩種思維運用在太極拳中的比較」條列式地分析、比較。

第三章「太極拳研修途徑」，說明身體的運作是「由下而上」、「由內而外」的途徑進行。「熊經」之傳統式純陰純陽及 S 形陰陽各半的運作方式之比較（『熊經』自第二本書起，已改由操作方式不同的『垂直軸』取代），以及雙腳如何以陰陽互動的運作方式，形成雙腳陰陽相濟的效果。

第四章「拳架」，除以腳帶身，以身帶手，合於拳經「其根在腳，發之於腿，主宰於腰，形乎手指」之拳架運行

方式外，更有①形的學習，②鬆沉與垂直軸旋轉，③陰陽互補的訓練，④處處時時都可以接發勁，⑤從心所欲而不逾矩等五個進階與檢測的內涵。

第五章「接勁與發勁」，提出接勁與發勁的時間訓練之理念、訓練方式；勁路的培養、腳底的接與發、隨接隨發的進階流程；勁路的圖示（P.135～P.139）；接勁與發勁的實務問題；發勁的層級；發勁時三種腳底運作方式之比較；各種接發勁的示範（P.151～P.164）。

第六章「其他問題的思辨」，如推手（不主張推手），內家拳與外家拳的區別，太極拳等不等於氣功？內沉外不沉、內動外不動的內涵，以及鬆沉等方面的看法。

在這一本書中提出了許多不同於部分人對太極陰陽理論的認知（含拳經、拳論的檢查等），接著運作的內涵，再到實務的呈現（各種接發勁的示範），以及美國及日本各有一位人士的見證文章。全書內容係以「破論」為走向。

第二本《細說 陰陽相濟的太極拳》發行於 2005 年 4 月（大展出版社），全書以模擬燈曝光（模糊部分）及閃光燈曝光（清晰部分）之前、後雙向發勁的精彩封面呈現，內容共分七大章。

第一章「腳與腿的地位」，強調「腳與腿」的下盤訓練是最基本、最重要的途徑，除了在《陰陽相濟的太極拳》已有相當的陳述之外，還可以從「由天然災難看太極拳」及「人體的建築工程」兩篇內容的說明，增強我人的認知。

第二章「腳及腿的訓練內容」，以腳底旋動、腿部旋動，「垂直軸」的訓練，移位（含步行），「雙環轉」，

「立體三環轉」，「反射勁路圖」等進行各種方式的訓練。

第三章「手的訓練與實務」，在「由下而上」的腳及腿訓練之後，手部也要有相當的訓練，拳經拳論所謂「有上則有下」或「上下相隨」的效果，才得以發揮。其訓練在該書中提到的是「升揚手」、「牽引手」、「左右迴旋手」。同時在「未搭手之前的自我上手」、「與對手相搭的上手」的方式中除應注意的問題外，還應注意總運作時間不超過一秒鐘的要求。

第四章「S形拳架」，推出高架子的S形拳架，經由「S形基本功法」的訓練再進入S形的拳架運行，不僅不會傷害膝蓋關節韌帶，而且幾乎每一動都有陰陽的組合存在，陰陽互動、轉換形成的勁力強大，可快速提供發勁需求的能量。

第五章「接戰應敵」，透過腳、腳踝、腿、臀、腰、肩、手等「動作順暢」之研究，不使一舉手一投足間，有斷續、有突變，局部作爲的情況發生；既懂得「發勁如放箭」之「箭」的放法，也懂得「接戰時太極陰陽之處理」的太極結構；提升應敵層面思維問題的「應敵三部曲」；「一處有一處虛實，處處總此一虛實」之實踐；以及「體面」、「線」、「點」發勁境界的認識。

第六章「理論架構、訓練系統、實務運作的彙整」，將《陰陽相濟的太極拳》及《細說 陰陽相濟的太極拳》兩本書有關之理論架構、訓練系統、實務運作彙總整理。

第七章「其他問題的思辨」，如再論「太極拳譜的檢查」、「同時間同空間」之思維，我的太極拳特色，太極拳治百病？「交叉神經」概念，是惟一的、正確的思路？太極

拳檢測法，怎樣的太極拳才是您的太極拳？等問題的看法及說明。

　　第二本書對於各項操作，比第一本書有更詳細的說明之外，更提出「雙環轉」、「立體三環轉」的腳腿運轉功法，逆向思考的「太極拳特色」，「箭」的發射方式，「漏沉」、「反射勁路圖」、「S形拳架」的開發，以及「陰陽比值相等卻又同時反向運作的結構」的「太極」文意的創見等，全書內容係以「立論」為走向。

　　在太極拳的路途上一路走來，經由不時湧現的新思維以及不斷的驗證，與困頓處、質疑處相激盪，形成「破論」的泉源，透過研發到功法的不斷推陳出新，成為「立論」的基石，於是由第一本到第二本，再由第二本到第三本，內容越加充實，動作越加細緻。在理論的架構上，訓練的方式上，實務的境界上更臻完美。

　　本書係以「陰陽比值相等卻又同時反向運作的結構」為中心思想之內在功法的認識與學習，以及各種心法的介紹為主軸，為使「太極之理」、「太極結構」、「生理結構」、「S形結構」、「接戰思維」、「接發勁訓練」……等心得，以及如何教，如何學的內容，能分享於太極拳的愛好者，而有了第三本書的推出。

前　言

　　「陰陽相濟」的太極之理是天地之理，此理不專屬於太極拳的，因為每天有白天有晚上，動植物世界有雌雄，男女結合可繁衍下一代，陰極與陽極的接通而產生電能，甚至於陰陽的思維也能產生能量……，太極陰陽的道理是屬於自然界的、全人類的，它每天都在自然而有序地運行，又都被人類世界所使用，時時為人類而服務、為人類綻放光明。

　　在人體內依太極之理，產生「太極結構」，形成「太極勁」的陰陽運作，可相當程度地解說太極拳接發勁的運作內涵，卻還不足以詮釋「太極勁」運作的全貌，因為陰陽相濟的陰陽運作，雖是主軸卻還須配屬其他的要素，才能發揮成效。若將主軸視為電腦的主機，則電腦週邊配備的增添，才能加強電腦功能，例如：沒有「印表機」無法列印，沒有「硬碟攜帶式外接盒」無法攜帶檔案資料，沒有「伺服器」無法上網等，要豐富其功能，就要增加設備。所以這本書除以陰陽相濟為主軸外，還觸及內在功法的訓練、心法、接戰思維、動作檢測等層面的問題，其範圍不局限於「拳」的範圍，也不僅限於接發勁的「技術層面」而已。

　　陰陽相濟的太極勁法蘊含著，在對手慢的時候比他快，在對手快的時候，還是比對手快的特色──「以快制慢」；由舉手投足的起始到對手被彈射而出的全程中，都在創造太極圖騰數量比對手多的特色──「以多欺少」；以多數太極圖騰所組成的高能量，以及在諸多功法的運作下所形成的高勁力，構成強大發勁勁力的特色──「以強打弱」；同時間

有陰必有陽、有陽必有陰，或有上則有下，有前則有後，有左則有右——「陰陽同出、陰陽同在」；接點就是發勁點——「同時同空」；敵不動，我先動（內動），敵動我亦動——「可先發先制，亦可後發先制」；勁力與意念能夠處處、時時，如影隨形、相伴而行的能力——「意力不分」；甚至於還有無招、無式、無形、無相的接發勁能力。何處挨何處發，渾身無處不太極的能力。神意穿鎖的能力。隨心所欲的漏沉接戰方式。拳架運行中的隨接隨發能力。以及具有處理對手出拳的化鎖進打等能力。

陰陽相濟的太極勁法，是融合了哲理、武學、藝術等學問於一爐的勁法。

陰陽相濟的太極勁法所涵蓋的範圍大致如下表列

太極勁法	
項　目	內　容
太極之理	「太極陰陽給予我人的啟示」之七大項： 1. 陰陽權利地位相等。 2. 上下、前後、左右」立體太極的同步運行。 3. S形曲線的特質。 4. 「矛盾對立而統一」或「陰陽比值相等卻又同時反向運作的結構」。 5. 太極陰陽的形式，可為圓形，亦可為其他形式。 6. 「陰生陽」或「空中生妙有」。 7. 「陰將盡陽已出，陽將盡陰已出」。

太極結構	陰陽同出、陰陽同在 或 陰陽比值相等卻又同時反向運作的結構： 1. 箭線標示法。 2. 積木標示法。 3. 等比標示法。 4. 遞增標示法。 5. 發勁後持續運作法。
內在功法的訓練	內在功法的訓練（生理結構）約有： 1. 垂直軸。 2. 雙環轉。 3. 立體三環轉。 4. 膝窩運作法。 5.「純加法」之移位法。 6. 公轉與自轉。 7. 各種手部運作法（近 30 種）。 8. 反射勁路圖。 9. 手臂之大 S 形、中 S 形、小 S 形運轉法（S 形結構）。
心　法	1. 陰陽相濟的太極之理（對應『先應後陽』、『陰的終點是陽的起點，陽的終點是陰的起點，循環無間』等的見解）。 2. 意力不分（對應『用意不用力』）。 3. 發勁如放箭之「箭」如何放？（對應『拳、掌、手』的出擊）。 4. 逆向思考的太極拳特色（對應『以慢打快、以弱打強、以小打大、以少勝多』等思維）。

	5.「純加法」之移位法（對應『減加法』）。 6. 各種S形運作法（由S形的認知而開發的）。 7. 三才太極拳（對應『人』的太極拳）。 8. 萬物負陰而抱陽（對應『正面作陰』的問題）。 9. 挺胸抬頭（對應『含胸拔背』）。 10. 戰車履帶理論（對應『手到步也到』、『步隨身動』的問題）。 11. 翅膀理論（對應『手臂』的單一運作）。 12. 溝渠灌溉理論（參悟的心得）。 13. 膝窩的運作（對應『膝蓋』運作的問題）。 14. 身隨步動（對應『步隨身動』的問題）。 15. 漏沉（對應『鬆沉』）。 16. 打地鼠遊戲（參悟的心得）。 17. 接點不進不退（對應『避實擊虛』之時間、空間問題）。 18. 由一成功力打起（對應『準備好』的時間差問題）。 19. 無招、無式、無形、無相（對應『有招、有式、有形、有相』的思維）。 20. 化鎖的價值（『鎖』字的價值）。 21. 同時同空的見解（對應『同時不同空』）。 22. 雙重為美，雙動是寶（對應腳腿之『虛實分清』）。
拳　　架	1. 高架勢。 2. 每一勢的本身及轉換時均含有陰陽結構。 3. 速度的訓練。

	4. 定勢時或運行中之結構檢測。 5. 慢架與快架的認識與訓練。
接戰思維	計有「不使敵人越雷池一步」、「戰敵於千里之外」等種種思維。
身體姿勢的檢測	依學習者各人不同的動作慣性，調整其偏前、偏右、凹背、屈膝……之身體姿勢或上手方式等問題，是課堂上經常檢測的重點。
勁路的開發	由自我勁路的培養與認知開始，再及於對手體內勁路的了解，以至與對手接搭之際對雙方體內勁路，都要有知己知彼的能力。
訓練流程	功力進階：低階→中階→高階 人體進階：下盤(腳腿)的訓練→中盤(手臂)的訓練→組合式訓練（除腳手組合訓練之外，也包含手臂的 S 形運轉法，挺胸抬頭、虛靈頂勁，一動無有不動，以及神意的運使等訓練）
發勁的境界	體、面的發勁→線的發勁→點的發勁（何處挨何處發）。
拳經拳論的研修	參見《陰陽相濟的太極拳》P.29~P.60，《細說陰陽相濟的太極拳》P.165~P.174 及本書第八章之論辨。

　　陰陽相濟的太極勁法，是以上所列太極之理、太極結構、生理結構、S形結構、內在功法的訓練、心法、拳架、接戰思維、身體姿勢的檢測、勁的開發、循初階中階高階的訓練流程、發勁境界的提升、拳經拳論的研修等之總和，這些內容在本書中都有詳盡的解說。

第一章　思想體系的建立

☯太極陰陽的道理，是我的太極拳和太極勁法據以成長的核心思維，太極圖有如電學的正極、負極結構，陰陽係同時共生共存的組合，陰陽的運作是比值相等卻又同時反向運作的結構，陰陽相互之間具有互補、轉換、共生的功能，如同當今全世界各家電製品、車輛、工廠機器、飛機的飛行、通訊、照明等電能的啟動，時時刻刻透過正極、負極的持續接通，產生源源不斷的電力，從而提供了人類進步的現代化生活。

太極陰陽的道理，屬於全世界的、全人類的，它每天都被人類世界所使用，時時為人類而服務、為人類綻放光明。也為太極拳學注入了無限的泉源活力。

壹、太極陰陽給予我人的啟示

經由太極圖的結構與人間萬象的現象相互比對的歲月中，發掘到的內涵，至今有七大項，其中前六大項已轉化為2002 年 9 月出版之《陰陽相濟的太極拳》及 2005 年 4 月出版之《細說 陰陽相濟的太極拳》兩本書的架構內容，第七項內涵則誕生於 2005 年 8 月 27 日夜晚的教學中。現謹就這七大項內涵分別加以整理，介紹於下。

一、 陰陽權利地位相等

　　太極圖上陰陽的形狀面積大小一樣，表示陰陽權利、地位相等，又具有「矛盾對立而統一」的特質。因此舉凡移位時各單腳的權利，須同時反向運作，其運作時之長度、力道、時間等，都須力求均等，例如《細說　陰陽相濟的太極拳》P.37，「4 動法及 8 動法之研究」，在均等的情況下，就會產生順暢可用之能量。

　　又如家電用品、車輛、機器或通訊器材的鑰匙孔或開關內的陰陽極配置，絕對是均等的，啟動時透過鑰匙旋動或壓下開關，才能使其產生電能。

二、 上下、前後、左右的同步運行

　　太極圖上有陰有陽，表示同時反向運作之空間有上下、前後、左右的關係存在，而具有縱、橫、豎的三維空間，也就是立體的結構，並非祇是一個平面太極而已。

　　又由於有前述「……陰陽同時反向運作時之長度、力道、時間等，都須力求均等……」的關係存在，因此進行「上下」、「前後」或「左右」的運作時須呈現同時、反向、均等的內涵，如小腿與大腿的上下旋轉、左後腳與右前腳的公轉、左手與右手的公轉，或腰部的左右自轉時，其弧度、弧線長度、力道、時間等務必均等！

　　除了呈現「前後」、「左右」、「上下」縱橫豎的立體太極結構之外，甚至於能同時呈現「上、下、前、後、左、

右」六個方向同步進行的六向運作法，形成六向發射法。

三、 S形曲線的特質

老子云：「陰不是道，陽不是道，道在陰陽之間」，將此文句對照太極圖結構來觀察「……在陰陽之間」有一S形曲線，此一S形曲線兼具了「陰」與「陽」的組合特性（陰陽極接通而產生能量之特性）；遵循S形曲線的軌跡運行，即有能量的存在，所產生的能量大小，與S形曲線下半個◡、後半個◠兩弧之間的弧度、高度、寬度、運動量的均等程度，有正相關的關係。

也告訴我們行進的路線，要儘量採取曲線方式進行，有如地表上河流的河道都是曲線形狀，地球除了繞太陽公轉之外，自身也不斷地自轉一樣。可知曲線的運動方式，是自然的現象，在某些情況下可產生優於直線運動的效果。而《細說 陰陽相濟的太極拳》P.56～P.66之S形的基本功法（或本書第六章 貳S形的基本功法的練習），皆植基於此理念架構之下應運而生的。

四、 「矛盾對立而統一」或「陰陽比值相等卻又同時反向運作的結構」

由於陰、陽的運作方式，係同時、反向的關係（如毛巾的對擰、螺旋的上下對旋、沖天炮向上飛燄向下噴等），因此形成「矛盾對立而統一」的說法，更進一步可解釋為「陰陽比值相等卻又同時反向運作的結構」，有如下列圖示：

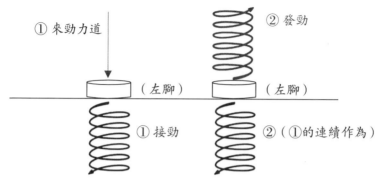

圖1　螺旋式接發勁法

在《細說 陰陽相濟的太極拳》P.187，發勁時，發人者將被發者發出去時應成為下列的（發人者←→被發者）現象，有如大砲發射時，砲彈向前疾飛，大砲砲身卻是向後震或後退，是一樣的道理。

四、太極陰陽的形式，可爲圓形，亦可爲其他形式

在《陰陽相濟的太極拳》P.80頁中，對於太極陰陽的形式有著這樣的敘述：

1. 並非一定是一個圓形，除了圓形之外可以是無數的形：

　　（1）可為直線（如 ⇄、↑↓、→←、←→）

　　（2）可為曲線（如 ↻↺、 ↺↻ ）

　　（3）可為螺旋線（如 ⟳、⟳、⟳、⟳ ）

　　（4）下為漩渦（▽、▽），上為龍捲風（▽、▽）

2. 是陰陽相生相長，不是陰陽消長。

3. 陰陽為同體存在，陰陽在同一空間下，陰中有陽，陽中有陰。

4. 沒有圓心，陰陽兩條魚，有如互動的齒輪，祇要一邊動必帶動另一邊跟著動。

※由太極圖騰觀察，陰陽魚的運動，係分別向不同的兩邊同時旋動的互動方式進行著，並非以圓心爲中心。若以圓心爲中心，則陰陽魚的運動方式應該是先陰魚後接陽魚，或先陽魚後接陰魚，這樣會走向「圓規理論」而與「太極」之理不合！

六、「陰生陽」或「空中生妙有」

祇作陰不作陽，陽是由陰生的。將自我軀體或對手之來勁力道，仿沙漏的漏沉方式，由足弓洩入大地，並在漏沉的同時，陰、陽是同時在進行著反向等比的作爲，如下圖藍線代表「陰沉」，紅色線代表「陽升」所示：

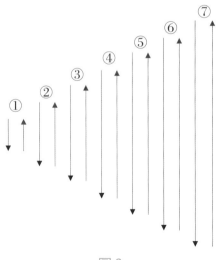

圖 2

當下已漏沉（使之透空）到的最高點，即陽勁到達的最高點。例如：當下的漏沉已透空到「腰」，則陽勁自然長到「腰」，又若為漏沉已透空到「肩」，則陽勁就會長到「肩」，陽勁所在之剎那空間，即是發放勁力之空間，且有「陰陽同出」、「陰陽同在」、「引進落空」、「通體透空」等現象的顯現。

該理論之思維誕生、練習法及練習時機，請見《細說陰陽相濟的太極拳》P.43~ P.48 或本書 第三章參 反射勁路圖（下圖）之介紹，此處僅以此圖作為參考比較之用。

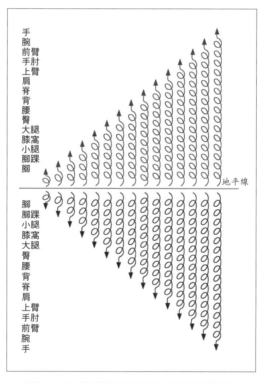

圖3　腳底運行與反射勁路關係圖

※以上圖 2、圖 3 兩圖猛一看好像不一樣，也許各位會受到些許混淆，爲此特從兩部分加以補充說明：

第一部分：

圖 2 的每個向下的「藍色箭線」係表示沙漏的漏沉（陰），①②③④⑤⑥⑦等各代表「公分」的單位，因此假設沙漏若被漏沉透空的高度為③，即有 3 公分高度的「陽–紅色箭線」遞補此透空的空間，或沙漏若被漏沉透空的高度為⑥，即有 6 公分高度的「陽」遞補此透空的空間，餘類推。此圖是呈現「陰沉陽升」的相互關係，屬於理論與現象的認知。

第二部分：

圖 3「腳底運行與反射關係勁路圖」則是將理論化為實務的呈現，由於人體是實質的存在，實際運作時需依實體狀況，以及腳底與大地的關係列入考慮，因此，以「地平線」作為基礎線。例如由腳底開始旋漏沉入大地，一路被漏沉透空的部位為「縱座標」上的第 3 個部位「小腿」，漏沉到「地平線」以下到達小腿的長度時，「陽」的能量（地力）即反射或反映於「地平線」以上人體小腿的部位；若漏沉到「地平線」以下達「肩」的長度時，「陽」的能量（地力）即反射或反映於「地平線」以上人體肩的部位，餘類推。

※上下兩圖，由於一爲抽象推理，一爲實務運作，圖示似有不同，其實其內涵是完全相同的，願各位同好都能看得懂。

七、「陰將盡陽已出，陽將盡陰已出」

在右圖🌓中先由右上方的陽魚觀察，當陽魚尚未到達最底點時，右下方的陰魚尾（約在陽的作為達到 80% ～ 90%左右）已開始啟動；再由左下方的陰魚觀察，當陰魚尚未到達最底點時，左上方的陽魚尾（約在陰的作為達到 80% ～ 90%左右）也一樣地開始啟動。

有如四季氣候的轉變為例，上一季轉入下一季時，上一季並非驟然地結束，下一季也並非驟然地開始，而是上一季漸漸終止前，下一季的現象已漸漸地活絡起來，這是自然界的自然現象。

俗語常說「順其自然」，凡事能順其自然則最自然！將此自然現象轉為太極拳的陰陽運作，表示不可先純陰然後再純陽；若為先純陰然後再純陽，則其弊病，一為陰的極點是落點、也是定點，易為對手勁力所追；二為反應時間遲滯；三為起陽勁時易為對手聽勁。因此陰、陽不可做盡、做絕，應該是「陰將盡須出陽，陽將盡須回陰」！

除了上述氣候的變化現象之外，如下圖接力賽時，藍色代表先行者，紅色代表後繼者，①的跑者將要遞棒給②的接棒者之際，②可在接棒區內，先向後移動去接棒，接棒後即

圖 4

可迅速往前衝刺，餘類推。也類似於前後事項之間總會有一個銜接的區段，或在後一事項正式開始之前的「前置作業」

一樣，有著陰陽的轉換區段與時間。也可以說太極圖所以不會形成 ◗、◑、⊖ 或 ⊖，以直線截然對分的深層含意，否則就不符「自然」運行之理。

這個陰陽的轉換區段與時間，是在第二本書問世之後的新發現，將此理念和道理轉入太極拳的運作中，可展現另一個奇妙而別緻的境界與風貌。

在「太極陰陽給予我人的啟示」一文中，我已作了以上六大項的推出與第七項的介紹，至於何年何月何日或有第八項、第九項……的發現，我不知道！但我已盡量將我的心得轉化為文字、轉化為理論、也轉化為太極勁法的實務呈現。

貳、古今人物在「太極」二字見解上的比較

元末明初的張三丰：「有上則有下、有前則有後、有左則有右」，具有「縱、橫、豎」三度空間的「立體太極」思維，但僅為「靜態」的描述。

清朝的陳鑫：「五陰五陽稱妙手」，雖有「比值相等」的提示，卻未指明操作的方法，亦僅是「靜態」的描述。

現代的林冠澄：「陰陽比值相等卻又同時反向操作之結構」，既有「比值相等」的提示，更有「方向」、「時間」的內涵，呈現「動態」的描述。

以上筆者提出的「陰陽比值相等同時反向運作之結構」中之「比值相等卻又同時反向操作」，可為同時「有上則有下」、可為同時「有前則有後」，亦可為同時「有左則有右」，因此「有上則有下、有前則有後、有左則有右」的結構，含在「陰陽比值相等卻又同時反向運作之結構」的文句

中，同時也能適切地面對「五陰五陽稱妙手」的比值問題。

　　總之「陰陽比值相等同時反向操作之結構」的思維內涵，不僅貫串了古今人物對於「太極」二字的認知，更提供了一盞指引世人學習太極勁法，如何進行陰陽操作的明燈！

參、陰陽的動作（太極結構）

　　由太極圖的觀察所得「陰陽比值相等卻又同時反向操作之結構」的思維內涵，可知陰陽的關係，可用以下的圖示予以說明。

一、箭頭標示法　　　　　　二、積木標示法

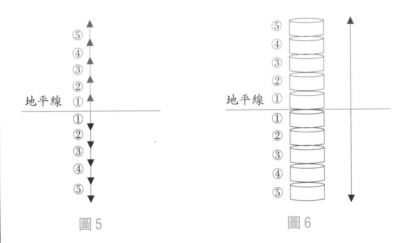

圖5　　　　　　　　　　　　圖6

　　用「積木」標示之用意，是說明前一個已旋動形成的作為狀態及旋動所生之能量，必須持續著不使消失，而後一動一動地如疊積木般不斷地向上堆疊，同時一動一動地向下穿旋向下反疊。以上兩圖就是我提出「陰陽比值相等卻又同時反向運作的結構」之內涵。

三、等比運作法

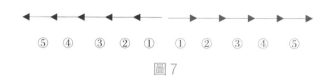

圖7

說明： ①①為第一組陰陽等速、等量、反向的組合運作，②
②為第二組陰陽等速、等量、反向的組合運作，③③
為第三組陰陽等速、等量、反向的組合運作，餘類
推。

四、遞增運作法

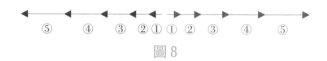

圖8

說明： ①①為第一組陰陽等速、等量、反向的組合運作（假
設為1倍），②②為第二組陰陽等速、等量、反向的
組合運作（假設為2倍），③③為第三組陰陽等速、
等量、反向的組合運作（假設為3倍），如火車由靜
止啟動後越走越快，能量越來越強一樣，餘類推。

五、發勁後持續運作法

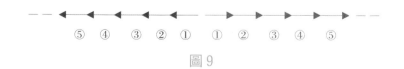

圖9

說明：若為第四個陰陽組合後發勁，後續還要有⑤⑤、⑥⑥、⑦⑦或⑧⑧的組合在持續進行著，直至關節部位完全伸張開、勁放到完為止，則勁長而強。

肆、「陰陽相濟的理論與實務」之內涵

　　初期重視、認識「陰陽相濟」的道理與訓練，中期偏重「陰陽相濟」操作能力的檢視，後期能將「陰陽相濟」的理念，內化為直接反射的慣性作為。一舉手一投足之際，處處、時時都能透出經由陰陽相濟結構所呈現出來的能量、神韻。「陰陽相濟」的理念，自始至終都擺在第一位。

　　太極陰陽係共生共存，而為陰陽同出、陰陽同在的現象。其運作方式是比值相等、卻又反向地統合在同一個動作、同一個時間中（矛盾對立而統『一』），且能展現「同時間同空間」的接發勁效果。

　　太極並不一定是一個圓形，除了圓形之外可以是多元化無數的形。是陰陽相生相長，不是陰陽消長。陰陽為同體存在，陰陽在同一空間下，陰中有陽，陽中有陰。

　　沒有圓心，陰陽兩條魚有如互動的齒輪，陰魚動陽魚必跟著動，陽魚動陰魚也必跟著動，每一個動作中皆包含陰陽兩動在一起，是二而一，即拳論所謂「一處有一處虛實，處處總此一虛實」之作為，因此，在實務中不須左右手、左右腰對換，動作時間縮短，破敵時間加快，各接點（搭點）可單獨接勁發勁，各接點都是一個太極，同一時刻有無數接點即有無數太極，接戰時是以多數太極面對對方的單一太極或單陽。

伍、「純加法」的移位法

「純加法」的移位法，在移位中雙腳陰陽連續運作，使能量不斷累加，進而形成強大能量的運作方式，優於太極拳界普遍採行的「減加法」或「加減法」（參見本書 P.69）。

陸、「體用合一」的教學特色

由於「陰陽比值相等同時反向運作的結構」所蘊涵的特質，使太極勁法的教學具有「體用合一」的特色，每一功法或每一單項操作的項目既是「體」，也是「用」，並不需經站樁、拳架、推手、接發勁的訓練之後，才可言用的流程及時間消耗，可大幅縮短學習時間。

柒、「足弓、垂直軸、雙環轉、立體三環轉、膝窩」的開發

可使自己站進先機的「足弓」；打通全身經脈通路，體驗陰陽運作之道理，培養雙腳移到定位腳時定位能力的「垂直軸」；腳踝及腳底板同時運轉的「雙環轉」；腳踝、腳底板及膝窩同時運轉的「立體三環轉」；以「膝窩」取代傳統「膝蓋」運作等等之開發，既豐富了太極拳的學習內容，又增強了身體的結構效能。

捌、「反射勁路圖」的創見

以「由下而上」漏沉方式運作，形成反陽效果的「反射勁路圖」創見的圖示（圖3），為人體運作的訓練方向，提供了新的視野。

玖、S形拳架的開發

太極圖中間的S形，具有陰陽的組合特性，其特性有如電之陰陽極接通就會產生能量的物理現象一樣，S形運作的效果，如同與S形等長度的太極圖上陰、陽區塊，同時運作產生的效果（即S形運作產生的能量等於陰與陽互動作產生的能量），且為「陰陽比值相等卻又同時反向運作之結構」蘊藏其中，將此理念融入肢體的運作中，開發出S形拳架。

拾、太極拳的特色

提出「以快打慢、以強打弱、以大打小、以多欺少」新世代的太極拳特色，有別於傳統「以慢打快、以弱打強、以小打大、以少勝多」的太極拳特色。

我的太極拳訓練及能力培養，是基於「太極陰陽給予我人的啟示」中七大項太極陰陽的道理，張三丰太極拳拳經的「其根在腳，發於腿，主宰於腰，形於手指」、「有前則有後，有上則有下，有左則有右」、「一處有一處虛實，處處總此一虛實」的說法，以及前述「陰陽的動作」圖示的運作方式上開展的。

一舉手一投足之間，力求陰陽相濟的結構完整呈現，在陰陽同在、陰陽同出，比值相等地運作，如啟動開關即能迅

速發光發熱，快速產生無比的能量。

其特色分為「以強打弱」、「以快制慢」、「以多欺少」、「以大打小」四項，其內容請參見《細說 陰陽相濟的太極拳》P.175 ～ P.177 的說明。

拾壹、「意力不分」的主張

在「用意不用力」之外，主張「用意也用力」及「意力不分」的見解，形成「意、力」訓練的三部曲，與時下太極拳界幾乎多以「用意不用力」為惟一宗旨的思維，大異其趣，以下是我曾放在網頁上的文章。

「意力不分」之我見
「用意不用力」、「用意也用力」、
「意力不分」三部曲

在王宗岳的太極拳論中，有兩處與「力」有關的重要文句，一為「……然非用力之久，不能豁然貫通焉！」，二為「……有力打無力，手慢讓手快，是皆先天自然之能」。

由「……然非用力之久，不能豁然貫通焉！」文句看，是說，若非長期用心，則對以上所述的道理，是無法豁然貫通的；由「……有力打無力，手慢讓手快，是皆先天自然之能」文句看，是說人們後天的修為必須是「無力打有力」、「手快讓手慢」之意，後人依此文意，產生了「用意不用力」和「以慢打快」的辭句，且相沿成習。然而這種沿襲成風的說法，到底是對還是錯？

就我個人對「用意不用力」文意的認知，大致可分為三種看法，分別說明如下：

第一種看法：「『用意不用力』是對的！」

因為「……有力打無力，手慢讓手快，是皆先天自然之能」文意知反向思考，是可以轉換成「無力打有力」、「手快讓手慢」之意的走向。

第二種看法：「『用意不用力』是錯的！」

因為那些思維是那時的人類想法，想法比今天人類之想法單純，還沒發展到「用意也用力」、「意力不分」的層次。同時僅以「用意不用力」的方式就能解決問題？

從歷史資料來看，當年蘇聯武力與美國武力分庭抗禮之際，蘇聯的第一書記赫魯雪夫於 1960 年 10 月在聯合國大會的會場上，憤怒發言時，拿起腳下的鞋子在桌面敲擊，但誰能奈他何？因為當時他的拳頭大，連美國都要讓他三分；再以摔跤的擂臺賽看，幾乎沒有一位體重僅為幾十公斤的參賽者，能輕易地將上百公斤的對手制服的；西班牙的奔牛節時，參與狂歡者那一個人能以小力、無力地使奔牛不奔？因此「用意不用力」的想法是不對的。

第三種看法：「『用意不用力』是半對半錯的！」

太極拳名家中，身材壯碩可使出二、三百斤力量的大有人在，要實現輕鬆自在的克敵效果並不難，對他們來講「無力打有力」當然是對的。但若是小個子，又無神力，那麼「無力打有力」是不可能的，因此是錯的！

由以上多角度的分析，可知「無力打有力」的立足點似嫌單薄，不具全面性的解說效果，說服力不足！那麼，應該如何面對「用意不用力」的說法，從而延伸、拓展？在我太極拳的潛心發展、萬象觀察及思維調整的過程中體會到的，除了「用意不用力」之外，還須加上「用意也用力」、「意力不分」的思維與訓練，合成為三個階段。到了「意力不分」階段始臻大用，太極拳不應再限於「用意不用力」的框框內。

　　以練功的流程而論，「用意不用力」僅是初階，係藉由這個理念使初學者漸漸褪去自小以來的拙力、濁力或僵力等不適於太極拳使用的力；經過了褪除僵力的認識及克制，慢慢地開始使用經由訓練之後，新運作方式下產生的「新生之力」，這個「新生之力」是脫胎換骨之後的力，能與「意」配合一起運行的力，其速度、能量、距離、方向、角度等可受「意」控制的新生之力，於是就進入了「用意也用力」的階段。

　　但在接敵之際，「意」要在同一時刻，既要知己、也要知彼之外，還要能將外來勁力的速度、能量、距離、方向、角度等數據，快速地透過身體的感應、腦的指揮及身體的快速運作，組合為滿足出擊所需要之勁力。如此情況下，一剎那間，要有效地兼顧內外的需求，非常不容易！但若將速度、能量、距離、方向、角度等數據的運作能力，訓練到可隨「意」到「氣」到而「勁」到的效果，甚至能達到「意」到即「勁力」到的本能反應，即「意力不分」地步，才是最理想的境界。

　　在太極拳界「用意不用力」是行之已久的觀念，至於

「用意也用力」、「意力不分」則是新的觀念。但在當今軍事科技上、戰場上是早已在進行，且被重視的重點。讓我們以軍事作戰的角度進行研討分析，並試著與「用意不用力」、「用意也用力」、「意力不分」的文意相互印證。

首先當雷達鎖定目標物後（意），若不發射砲彈或飛彈（力），如何有摧毀目標的機會或可能？所以既要能用意也要能用力，即所謂的「用意也用力」才能作戰。接著是雷達鎖定目標物後，還要能準確命中目標才行。然而這樣的成果，是建立在雷達和火砲的兩個系統上，一方負責監控，一方負責發射，兩者之間會產生時間差的問題，又如果任何一邊的系統出問題或兩者配合不良，就無法達成戰果。

因此，近代的巡弋飛彈，是將雷達和彈體設計在一起，或精靈炸彈是將導引方向的電視鏡頭和彈體設計在一起。以自體的動力透過雷達或電視鏡頭導引彈體飛向目標物，只要鼻頭的雷達或電視鏡頭撞上目標物，彈體隨即爆炸摧毀目標物，這就是「意力不分」的高度表現，能「意力不分」才更能滿足戰場的需要。

從以上人人皆知的事理、舉例中，問題跟答案已明明白白地呈現在眼前、腦海中，何者有道理，何者有瑕疵，不言可喻。

「用意不用力」、「用意也用力」、「意力不分」三部曲的字句及思維，首見於意拳之中，此三部曲有其階段性，也有其功能性，內涵至深，令人激賞。然而回想太極拳卻祇有「用意不用力」一項，實難以滿足更高層次的需求，為了振衰起蔽或提昇境界，宜拓展適於太極拳運作的「用意也用力」、「意力不分」兩個層級，這兩個層級是值得太極拳的

愛好者深思的課題，其中尤以「意力不分」使勁力與意念能夠處處、時時，都是如影隨形、相伴而行的能力養成，更應是我人努力追求的目標。

拾貳、陰陽相濟太極拳之內涵

總綱	項目	內　涵
思想體系	緣起	透過太極圖、萬象的觀察、軍事作戰思想、現代科技的運作道理、拳經拳論文句的辨正，歷經驗證，融合而成。
	實證	太極圖 陰陽共生共存，空間相等、時間相等，且為同時反向比值相等的運作。
		萬象的觀察 獨陰不生，孤陽不長；男女結合可繁衍下一代；方向相反的擰毛巾動作，可將水份擰出。
		軍事作戰思想 以洲際飛彈戰敵於千里之外；英國與阿根廷的福克蘭群島戰爭，英軍於赴戰場途中的軍艦上，邊航行邊勤練戰技。
		現代科技 開關內陰陽極組合在一起，可產生能量；電磁波可在虛擬空間傳輸訊息。
	拳經拳論文句辨正	參見《陰陽相濟的太極拳》P.29 ~ P.60 《細說陰陽相濟的太極拳》P.165 ~ P.174 或本書第八章拳經、拳論的研修

理論架構	境界	學無止境，保持開放的心胸，隨時迎接新的學習以及新的思維激盪，使境界蒸蒸日上。
	核心思想	①陰陽權利地位相等 ②S形曲線具有陰陽組合之特性 ③上下、前後、左右同步運作 ④空中生妙有 ⑤陰陽比值相等同時反向運作之結構 ⑥太極運作形式可為圓形，亦可為其他形式 　※以上六項已融入《陰陽相濟的太極拳》 　　及細說　陰陽相濟的太極拳》中 ⑦陰將盡陽已出，陽將盡陰已出 　※在本書中推出
操作內涵	步型	雙重為美，雙動是寶
	膝窩	擅用膝窩（創見）
	螺旋運動	多為雙螺旋運作法
	公轉自轉	動作運行中重視公轉與自轉
	腰為主宰	不動腰，腰係由腳帶動；手腿之動，皆由腳起動
	呼吸	採自然呼吸
	移位	公轉加自轉法、純加法（創見）
	4動法	以4動法移位（創見）
	漏沉	由下而上漏沉（創見）

	運作空間	實體空間及虛擬空間
	三盤運作	由下而上節節貫串,進而形成整體運作的方式
	上下前後左右	將「有上則有下、有前則有後、有左則有右」的運作方式,展現於一個動作中
	挺胸抬頭	經由三直發勁法中挺胸抬頭(創見)之訓練,形成三才太極拳
接戰思維	思維	• 擒賊擒王 • 由一成功力打到十成功力(以陰陽連續轉換實現) • 以引「勁」落空處理來勁力道 • 接點不進不退,不使對手越雷池一步 • 無招、無式、無形、無相 • 動步中戰敵之先 • 自己找空間 • 「懂勁」由陰陽相濟的基本功法切入
	時間空間	化、鎖、進、打,集於同一時間、同一空間(同時同空)
	接勁	內動外不動地由上臂經夾脊接入腳底、漏沉方式接勁,或以「引勁落空」方式接勁
	發勁	• 由腳底、夾脊或受力點發勁 • 滲透式、漸進式發勁(含高階發勁法)
	表現形態	• 以「回」生「出」之方式發勁,發勁形態為 發勁者←→被發者 • 依狀況「可輕可重」接發勁,且能對發勁勁路有掌控效果

	神意	意透對手背後遠方打點
	特色	以快打慢、以強打弱、以大打小，以多欺少
訓練系統	太極圖	必修的基本課程
	步行	有步行訓練法（不同於一般的「行功」）
	垂直軸	由腳至後肩之體內擰轉訓練
	腳腿	雙環轉、立體三環轉（創見）
	手部	● 內動變化綿密，不坐腕，不豎掌 ● 牽引手、升揚手、S 形延展手等約 30 種的手部運作法
	拳架	動步 旋胯拎腳，腳底如磁浮列車之磁浮狀態平貼落地，不點腳跟、不翹腳 架勢 高架勢（不傷膝） 盤架法 每動必含「陰陽比值相等同時反向運作」之結構存在；且有 S 形的拳架打法（創見）；無忽快忽慢、忽高忽低之打法。 ※拳架重於功法的檢驗，不在於招式的運用
	反射勁路圖	由陰的漏沉而生陽能的運作（創見）

1.《陰陽相濟的太極拳》

陰陽相濟的太極拳

◎林冠澄 著

2002 年 9 月由逸文書局出版

圖 10

2.《細說　陰陽相濟的太極拳》

詳解　陰陽相濟的太極勁法

2005 年 4 月由大展出版社出版

圖 11

第二章　下盤及基功法的訓練（初級訓練階段）

將「太極陰陽給予我人的啟示」的七大項內涵，貫串於下中上三盤的功法訓練、盤架練習及接發勁中。這個階段學習過程中學習的態度、用功的程度以及學習的精準度等，關係著太極勁法學習的成果，在起步階段務必用心投入。

壹、足弓的認識與運用

一、「站」進先機

「站」在後跟，既無承受力，也無接發勁能力；「站」在湧泉，稍有承受力，卻無接發勁能力；「站」在腳心（為腳底板『足弓』位置），重心在足弓，接勁時將來勁力道由足弓下沉，有如擠出「吸盤」中的空氣，使腳底板四方鬆開的同時，腳底板似吸盤「吸」住大地，使穩定度提升，承受力加大；接著將下沉的足弓向上放開即是發勁能量。

平時常使腳底感覺重心鬆沉於「足弓」，腳底板落地的一剎那有足弓貼地的感覺；與同好對練或接戰時，也必須將「站在腳心」的前置作業作好，屆時戰鬥能力已「占盡先機」。取其諧音亦可稱為「站進先機」！

二、腳下乾坤

　　腳底板是行走、移位換形、承載全身重量的部位，就太極拳拳譜中的記載或一般人提到的，腳底板的重點部位可分為「腳趾」、「湧泉」及「腳跟」三個部分。由「腳趾」的運用產生了「五趾抓地」的運作方式。便於行氣的關係產生了「湧泉」的運作方式。為了蹬地以生反作用力產生了「腳跟」的運作方式。這三個部分都有其功能面，在各拳種中也有著不同的提示與詮釋。然而「足弓」的運作，卻幾乎沒被提及，這個重要的部分，個人以為，在太極拳及太極勁法的運作中應該被重視。

　　依我多年的實作驗證，在動作運行中，若以「五趾抓地」的方式運作，無異以力量向大地相抗衡，大地回以抗力，勁力反而無法沉入大地，縱然感覺很有勁力，其實祇是在地表面的力道而已。若將全身重量落在「湧泉」上，勢必為屈膝狀態，然而在屈膝狀態下容易產生膝關節受傷的機會，以及屈膝關係使勁力難以下沉的缺點（試從流水中的塑膠水管的任何一部位將水管打個折，則出水口的流量隨即縮小，道理是一樣的）。若將全身重量落在「後跟」，既無承受力，也無接勁能力。若以「足弓」運作，其效果則與以上所提的三項運作效果截然不同。

　　「足弓」近於腳底板中央（腳心），除可平均支撐全身重量，分散壓力外，更具有彈性及吸震的能力。同時重心落在足弓，全腳底板易於四平八穩，身體容易垂直，勁力傳輸的直通性佳（已體現於《陰陽相濟的太極拳》及《細說　陰陽相濟的太極拳》兩本書封面的直立式發勁）。又由於足弓

具有彈性空間（壓縮空間），當來勁力道經由接點導入足弓下之際，有如擠出「「足弓」」吸盤中的空氣，使腳底板向四方鬆開的同時，腳底板似吸盤「吸」住大地，使穩定度提昇，承受力加大，反擊的能量相對增強。

因此平日站立時常使腳底感覺重心鬆沉於「足弓」下，步行走路時腳底板落地的一剎那即有足弓沉入大地的感覺，是我在《細說 陰陽相濟的太極拳》中提到「漏沉」之沙漏漏口，也是我的太極拳及太極勁法具體運作的重要結構之一；與同好對練或接戰時，隨時將「站在足弓」的前置作業作好，屆時戰鬥能力可占盡先機，從而知曉腳下乾坤！

三、湧泉、足弓、腳跟位置圖

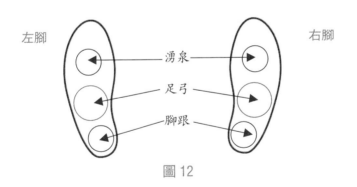

圖 12

壹、垂直軸的訓練

一、 重力的下沉

重力的下沉方式，可粗分為兩種，第一種方式，重力是由大腿經小腿而沉入腳底，這種運作方式會使重力積壓在大

腿面及膝蓋上，實務上絕大部份重力無法有效沉入腳底，易生膝關節疼痛之緣故。第二種方式，重力是由肩頭的中央經胯部垂直地沉入足弓下，此法重力容易沉入腳底。

二、 移位應注意的問題

移位時勁力不可由上盤或中盤送出，應由下盤推移出去，高度在兩腳膝蓋以下，以 ∩ 方式移位到另一腳。且要有先向大地下沉的「陰」之作為，稍耐片刻，由大地漸漸回饋以反作用力（以一根竿子似撐船地逐漸加力，去感受大地逐漸加大的反作用力）後，以此反作用回來的能量，作為移位的動能。除了下旋陰沉的作為之外，還需注意、由實作中瞭解「向前，後腳先出；向後，前腳先回；向左，右腳先移；向右，左腳先送」的道理及價值。

三、 「垂直軸」訓練的目的

經長久練習後，「陰」、「陽」同時反向操作的概念及能力，被有效培養。陰陽相濟的道理由實作中獲得，「陰陽同出」、「陰陽同在」的道理，落實在垂直軸訓練中。

彷彿槍管的打造，將槍管打通，同時磨出了「來福線」（見圖 13）。槍

圖 13

詳解　陰陽相濟的太極勁法

管既通，來福線也已存在，發勁時除了勁力流動順暢，還有來福線旋動的助力，更增加了破壞力。

實務上垂直軸的訓練，是第一堂課內容。剛開始是單一腳單旋的「垂直軸」練習，接著另一腳的練習，慢慢地進入雙環轉的「垂直軸」練習，再進入立體三環轉的「垂直軸」練習，使雙腳都有垂直軸操作能力。

參、訓練的方式

一、 左右腳橫向移位的垂直軸訓練

在「垂直軸」練習中，首先要注意的是在旋動過程中，都要能保持垂直而無偏移或偏斜的狀態。旋動時是取足弓一個圓圈的 1/10 圈，每一次旋動均為 1/10 圈，不需強力，而為微力、自然、順暢、輕快地運作。

由腳底旋動後的持續能量用「意」引導其上升，先旋動小腿，接著旋動大腿，形成腿柱的旋動狀態（旋動時初期為骨骼肌肉一起旋動的，經日積月累的練習，由大圈、中圈至小圈或無圈時，逐漸進入軸心旋轉位置）。

在腿柱的旋動狀態下，要特別留意垂直軸的穩定度，以及上升的能量由腳→小腿→大腿的流程。也就是腳底旋動之後纏能旋動到小腿，小腿旋動之後纏能旋動到大腿，以至於→腰→背→夾脊→肩→臂→手→指，未旋動到的關節部位盡量不要動，每一動都要用心感覺、用心檢查。

在「垂直軸」練習中，腳腿的運作方面分為「單環轉」、「雙環轉」及「立體三環轉」三種，逐級而上，以進

到「立體三環轉」的層級為最後目標。

二、 單環轉（純為腳底板）方式進行的訓練

第一次向大地如漩渦般地旋動，腳底板以上之腳踝有被反向穿旋而上的感覺。

第二次向大地如漩渦般地繼續旋動，小腿有被由腳踝持續旋動穿旋而上到小腿的感覺。

第三次向大地如漩渦般地繼續旋動，膝窩有被由小腿持續旋動穿旋而上到膝窩的感覺。

第四次向大地如漩渦般地繼續旋動，大腿有被由膝窩持續旋動穿旋而上到大腿的感覺。

第五次向大地如漩渦般地繼續旋動，臀部有被由大腿持續旋動穿旋而上到臀部的感覺。

第六次向大地如漩渦般地繼續旋動，腰部有被由臀部持續旋動穿旋而上到腰部的感覺。

第七次向大地如漩渦般地繼續旋動，背部有被由腰部持續旋動穿旋而上到背部的感覺。

第八次向大地如漩渦般地繼續旋動，夾脊有被由背部持續旋動穿旋而上到夾脊的感覺。

第九次下旋後上穿到後肩之際，再由下盤移位到另一腳，另一腳也九次練習，如此週而復始地練習。內在感覺越來越好，動作越來越順暢之後，轉為「雙環轉」練習。

三、雙環轉（腳底板加腳踝）方式進行的訓練

1.雙環轉（太極腳）的認識

（1）左腳雙環轉

　　　　腳底板逆時針方向①、腳踝內側逆時針方向①同時向下旋轉，產生腳底的 S 形②，形成動態的太極圖騰，其圖示如（圖14）之腳踝①及腳底板①。

（2）右腳雙環轉

　　　　腳底板順時針方向①、腳踝內側順時針方向①同時向下旋轉，產生腳底的 S 形②，形成動態下的太極圖，或稱之為「太極腳」，其圖示如（圖15）之腳踝①及腳底板①。

※「雙環轉」可參見《細說 陰陽相濟太極拳》之 P.39~P.40

※雙環轉的運作方式，腳底板有均勻貼實的感覺，旋動中不易翻腳，且有增強勁力的效果。

2. 雙環轉方式進行的訓練

　　第一次向大地如漩渦般地繼續旋動，小腿有被由腳踝持續旋動穿旋而上到小腿的感覺。

　　第二次向大地如漩渦般地繼續旋動，膝窩有被由小腿持續旋動穿旋而上到膝窩的感覺。

　　第三次向大地如漩渦般地繼續旋動，大腿有被由膝窩持續旋動穿旋而上到大腿的感覺。

　　第四次向大地如漩渦般地繼續旋動，臀部有被由大腿持續旋動穿旋而上到臀部的感覺。

　　第五次向大地如漩渦般地繼續旋動，腰部有被由臀部持續旋動穿旋而上到腰部的感覺。

第六次下旋後上穿到背。

第七次下旋後上穿到夾脊。

第八次下旋後上穿到後肩之際，再由下盤移位到另一腳，另一腳也八次練習，如此週而復始地練習。內在感覺越來越好，動作越來越順暢之後，轉為「立體三環轉」練習。

四、立體三環轉方式進行的訓練

1. 立體三環轉的認識

「立體三環轉」是指腳、踝及膝窩（膝膕）三者同時運作下，形成勁力上升到大腿外側之結構狀態。

小腿及大腿有如擰毛巾狀，上下相互擰轉產生能量的效果。能量比「雙環轉」還大。其圖示如下。

（1）左腳之立體三環轉　　　　（2）右腳之立體三環轉

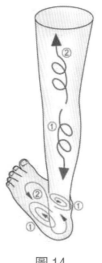

圖 14

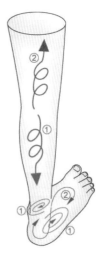

圖 15

2.立體三環轉方式進行

立體雙環轉的操作可形成螺旋的腿柱，其順序為：

第一次「立體三環轉」旋動勁力到大腿。

第二次「立體三環轉」旋動勁力到臀部。

第三次「立體三環轉」旋動勁力到腰部。

第四次「立體三環轉」旋動勁力到背部。

第五次「立體三環轉」旋動勁力到夾脊。

第六次「立體三環轉」旋動勁力到後肩。

左右腳練習時分開練，此法成熟後實務上可雙腳併用，且終生使用。同時「雙環轉」與「立體三環轉」之創見，已發表於 2005 年 4 月出版的《細說 陰陽相濟的太極拳》中。

五、垂直軸移位法（圖示）

1.由後向前推移到垂直軸定位時下沉之移位法

AC 為原右半身位置，AB 為原左半身位置（頭、手省略）；此法有如車子的緊急煞車，既不易到位，且易生前衝的現象，予對手強烈感覺，效果欠佳，不宜採行。

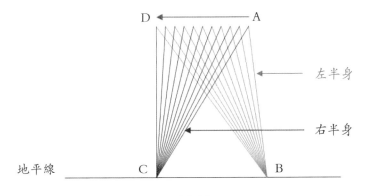

圖 16

2. 由後向前推移到約 80% 時開始下沉之移位法

AC 為原右半身位置，AB 為原左半身位置；此法有如車子到位前的事先煞車，當車子煞住時正好到位，不致與對手相衝撞，此法優越。

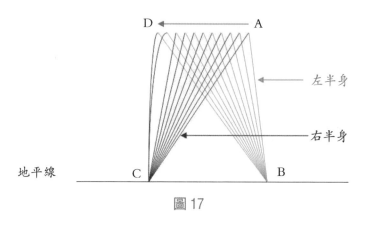

圖 17

3. 起動即下沉之移位法

AC 為原右半身位置，AB 為原左半身位置；起動即由胸部微向前下沉（膝蓋不可突出）之移位法，移位到右前腳的過程中，身軀盡量不要有前衝的情形發生。

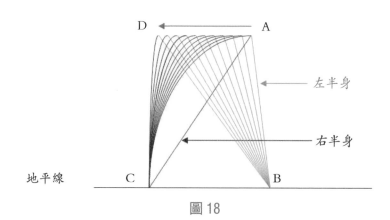

圖 18

詳解　陰陽相濟的太極勁法

以上三種垂直軸移位法，其運行過程中與對手的衝撞度，動作的順暢度與破敵的有效度為「起動即下沉之移位法」優於「向前推移到約 80% 時開始下沉之移位法」，而「向前推移到約 80% 時開始下沉之移位法」又優於「由後向前推移到垂直軸定位時下沉之移位法」。

肆、腳腿運作的認識

一、單環轉橫向之「1 動」移位法

1. 起動腳陽出，被動腳陰接

從左腳向右腳方向推移（陽），運行的能量不使超過雙腳膝蓋，以 ∩ 型態運行到右腳，重心隨之沉落於右腳底。在此過程中，上身隨著左腳的移動而移動，當重心沉落於右腳底之際，上身之重力也沉落於右腳底。

起動腳單陽出，被動腳為單陰接的情況下，雙腳均無陰下陽上之太極結構，無能量可言，渾身感覺稀鬆無勁。

2. 起動腳陰陽出，被動腳陰接

左腳先向腳底旋動（陰），腳底有漸旋漸滿的反作用能量感覺，將此能量感覺（陽）向右腳方向推移，上身隨著左腳的移動而移動，當重心沉落於右腳底之際，上身之重力也沉落於右腳底。

起動腳為陰下陽升之運作，被動腳為單陰接的情況下，至少有一腳的太極結構，能量稍強於上列情況。

二、 單環轉之前後腳「4動」移位法

1. 左後腳移到右前腳

左後腳先向腳底旋動（①陰），腳底漸旋漸滿形成反作用（②陽）的能量，向右前腳方向推移。右前腳則隨左後腳推移過來的能量，作同能量的旋接入右腳底板下，並隨左後腳的繼續推移，使重心、重力垂直沉落於右腳底（③陰），隨即將腳底漸旋漸滿的能量（④陽），反旋上升形成拳架或發勁的能量。

2. 右前腳移向左後腳

右前腳先向腳底旋動（陰），腳底漸旋漸滿形成反作用（陽）的能量，向左後腳推移。左後腳則隨右前腳推移過來的能量，作同能量的旋接入左腳底板下，並隨右前腳的繼續推移，使重心、重力垂直沉落於左腳底（陰），隨即將腳底漸旋漸滿的能量（陽），反旋上升形成拳架或發勁的能量。

以上雙腳皆有陰下陽升之運作的情況下，除了雙腳都得到「陰下陽上」的訓練之外，其太極總數為三個，穩定度及能量，強於上述二者之運作方式；不過其能量偏於腳背，滿足中上盤的需要，還差太遠。

三、腳、腳踝雙環轉之陰陽組合運作

在進行腳底（陰）之作為時，以腳與腳踝的雙環轉方式向下旋轉，使產生上升的（陽）能向另一腳推移，另一腳一

樣以腳與腳踝的雙環轉方式接引（陰）入大地，待與大地回饋以可用之（陽）能，也以雙環轉的運作方式，上升為拳架運行之動力或發勁能量，大於前二項運作的量。

四、腳、腳踝及膝窩立體三環轉之陰陽組合　運作

在進行腳底（陰）之作為時，以三環轉方式向下旋轉，此時大腿有上撐的能量（陽），小腿與大腿之間有如擰毛巾的逆向纏繞狀，產生勁力的效果；膝窩、小腿、腳踝、腳掌繼續向下旋（立體三環轉）（陰），勁力則由腳掌、腳踝、小腿、膝窩、大腿……有不斷上升的感覺（陽）。

在膝窩、小腿、腳踝、腳掌繼續向下立體三環轉時，腿有如螺旋柱狀的感覺，以此感覺的這一腳腿，向另一腳推移，另一腳一樣也以立體三環轉方式接引入大地，並使另一腳在向下旋動接引之際，跟著產生勁力由下而上不斷上升的感覺。此不斷上升的能量大於前三項運作方式的能量。

五、S 形的第 2 動運行法

S 形 4 動運行法係左右腳同時存在「立體三環轉」結構下之相互運作法，其勁力更強於單腳之「立體三環轉」，足夠支持全身之需要（參見《細說 陰陽相濟的太極拳》P.148～P.149）。

S 形的第 2 動運行法，雙腳皆為立體三環轉的螺旋柱狀，且為雙腿柱同時公轉旋動，從而產生的擠壓膨脹力，使

身體結構更堅實、勁力更強大，發勁時間極為快速，破敵在一剎那間。其能量大於前四項運作方式的能量。

六、雙腳單環轉、雙腳雙環轉、雙腳立體三環轉運作勁力大小的比較

在雙腳不移位，近於雙重站姿下，雙腳同時採取以下三種運作，所生勁力大小分別為，「雙腳單環轉」小於「雙腳雙環轉」小於「雙腳立體三環轉」，其勁力強弱由動用的部位及組合情況即可知曉。

單環轉僅運作腳底板一個薄層而已，產生的能量，要支撐腳底板以上九成多的身軀高度的能量需求，顯然太薄弱。

雙環轉，多了腳踝的運作，腳踝位在腳底板與小腿之間，具有「起」、「承」、「轉」、「合」的功能，靈活性又非常高，相互組合所生的能量可上升到小腿，支撐腳底板以上約八成左右身軀高度的能量需求，要比單環轉來的強一些。

立體三環轉又多了膝窩的組合，膝窩位在膝蓋的後方，以膝窩與踝、腳一起下旋的運作方式，可達到下旋輕鬆，下旋深度加深加快，產生下上對穿、對旋，小腿與大腿相互擰轉，勁力加大的效果。勁力由膝窩穿旋，腿部不致前進突出，不易造成身體前衝，使對手易於聽勁、接勁的缺點。

立體三環轉的運作，其能量由大腿逐漸上升，支撐能量至少為身體高度的五成，不僅提供身體中上盤的運作能力增強，也使穩定度增加。同時在單一腳的運作下已具相當能耐，當雙腳練到一樣的火候，又能同時組合使用的話，其能量在相互旋動擠壓之下，其威力益加強大。

七、腳底運作方式之比較

盤架、移位、發勁時都離不開「由腳、而腿、而腰、而形乎手指」的流程，由「腳」是最重要的部分，底盤若發生問題，則腿、腰、手指等的功效勢必事倍功半，因此，我們可以留意幾種腳底的運作方式，來判定其優劣。

1. 第一種運作方式

是人體快速地向前推移，腳底離地而起（如圖19），此種運作方式看似強勁有力，但離地的腳底已失去後續補給的支撐，在接戰時若一擊無效即有被對方牽引帶出的危機。

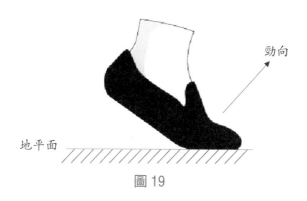

勁向

地平面

圖19

2. 第二種運作方式

是由腳底向地面「蹬」，而後前撐出去，此種運作方式看似用到了大地的反作用力，產生向前的推力（圖示如下），然而檢查其流程為「先陰後陽」，作為方式為施力於地表，地表回以反作用力，陰陽為個別作為，向前送出後也沒有後續補給之力。

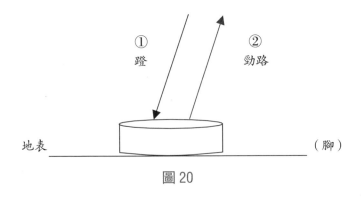

圖 20

3. 第三種運作方式

先施力旋動於腳底，向地表下直線下穿（或下旋），再由陰極生陽反旋而上的勁力，向實體空間的身體中上盤或由虛擬空間向對手傳輸勁力，下上同時相對存在地運作，有如飛機先發動引擎、火箭先噴發火焰後產了動力而向前推進，又在進行中後方的噴氣或火焰仍然持續著，而為陰陽同在、陰陽同出的陰陽相濟，可產生源源不斷的後續補給力。茲舉三例介紹於下。

（1）直線運作法

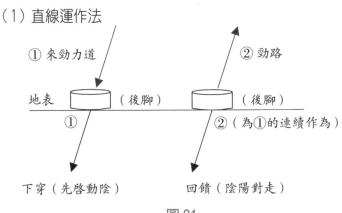

圖 21

（2）螺旋式運作法

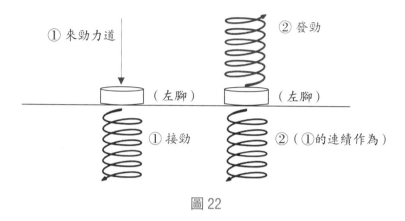

① 來勁力道　　　② 發勁

（左腳）　　（左腳）

① 接勁　　② （①的連續作為）

圖 22

（3）漩渦、龍捲風式運作法

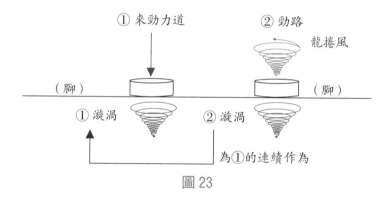

① 來勁力道　　② 勁路

龍捲風

（腳）　　（腳）

① 漩渦　　② 漩渦

為①的連續作為

圖 23

　　以上三種運作方式（參見《陰陽相濟的太極拳》P. 145～P.148），在上一頁第一種及第二種兩種運作方式是人類最熟悉、最習慣的運作方式，第三種下穿或下旋入大地之下的運作方式，是最難見到的運作方式，卻是最合於陰陽相濟的道理，功效極高，試著多練習。

伍、步 行

一、步行的方式

凡要起步之際中上盤絕不可先動。以左腳先出為例，先將重心及全身重量旋放在右腳的腳底板下（陰），與大地的感應明確後，藉由腳底反昇上來的能量（陽）盪出左腳，然後由右腳推移身軀向前邁出，並將前移的右腳及身體重量送入左腳，左腳則順右腳來勁力道接引入左腳底（陰），使重心及垂直軸都落在左腳上。

接著再由左腳底陰接之後反升上來的能量（陽）盪出右腳，並前移左腳將身體重量送入右腳，如此有如度方步般，一步一腳印地練習。

凡盪出的那一腳不可自行落地，需由後腳勁力推送沉落入地。每一未盪出的腳則隨時都在作陰反陽，又能把持重心及身體重量都在該垂直腳上的感覺。練功在平日的步行中。

二、步行三部曲

1.第一部曲

身軀中盤及上盤不可先出，是先將中上盤的重量垂直落入某一腳，然後由此一垂直腳向下旋動，從而由地底旋升而上到腳踝為止的能量，使另一腳盪出、邁出，全腳板落地持續而行。

2. 第二部曲

　　由某一垂直腳向下旋動，從而由地底旋升而上到腳踝為止的能量，使另一腳盪出；盪出的那一腳，有如軍人「踢正步」的出腳（全腿近於打直）但不可自行落地，須由後腳推移重力使前腳落地；落地的前腳係垂直地由全腳板下沉。

3. 第三部曲

　　落地的前腳，初期為全腳板下沉，中期為足弓下沉落地，後期為足弓的軸心下沉落地。落地之際，腳底（或足弓或足弓的軸心）帶有「旋動」的作為，同時有下有上（陰陽）地雙向對旋，上升的能量使其隱藏在手腕的內側，如此才可達到「動步中隨接隨發」的效果，步行訓練始告完成。

陸、移　位

一、雙腿互補運作法

1. 一般人之「減加法」

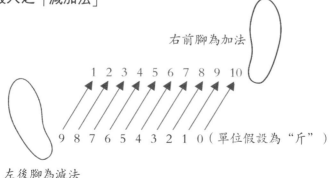

右前腳為加法

1 2 3 4 5 6 7 8 9 10

9 8 7 6 5 4 3 2 1 0（單位假設為 "斤"）

左後腳為減法

圖 24

2. 「陰陽相濟太極勁法」之「公轉加自轉移位法」

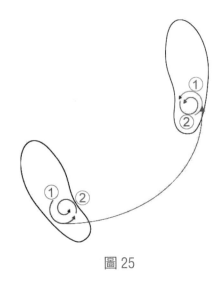

圖 25

（1）左腳底起動時比照（圖 26）「純加法」之①。

（2）形成腳底、腳踝之雙環轉，或加膝窩之立體三環轉，產生①陽出之際，右腳相對且配對（同時為雙環轉或立體三環轉）地同時旋動，並向右前腳旋移。

（3）左腳右轉（紅線），右腳左轉（藍線）；左右腳同時反向旋轉，是為公轉。

（4）左腳左側右轉的同時使右側（腳底、腳踝及膝窩內側）順勢向左下方下旋（為第二個陰至第 N 個陰的動能）；同腳右側同時等速、等量、等弧地旋動、是為自轉。

（由右前腳向左後腳移位，同理反向運作）

（5）公轉與自轉同時持續進行。

（6）此法適於拳架的運行。

3. 「陰陽相濟太極勁法」之「純加法」

圖示：

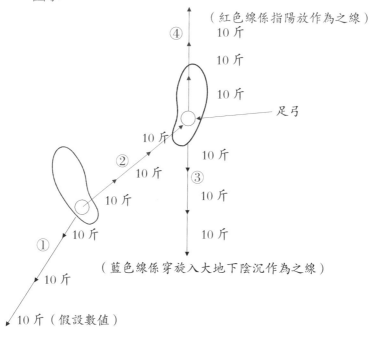

（紅色線係指陽放作為之線）

足弓

（藍色線係穿旋入大地下陰沉作為之線）

圖 26

上圖即「4動法」之運作法，假設陰下陽上之數值皆為10斤，又假設陰下陽上的運作各腳各為三次，則以「純加法」的移位法為例，由①陰之 30 斤 + ② 陽之 30 斤 = 60斤（第一組太極能量）加 ② 陽之 30 斤 + ③ 陰之 30 斤 = 60 斤（第二組太極能量）再加 ③ 陰之 30 斤 + ④ 陽之 30斤 = 60 斤（第三組太極能量），在移位中雙腳能量不斷累加，三組太極的組合能量為 180 斤，要大於「減加法」之10 斤變化而已。又若非各腳陰下陽上各為三次的運作，則三組太極之總能量為 60 斤（各組為 20 斤），也比「減加

法」之 10 斤變化為大，因此「純加法」絕對優於普遍採行的「減加法」。

在 4 動法的運作下，每個陰下（藍箭線）陽上（紅箭線）之速度、深度（陰）、長度（陽）、運作力道，力求均等（以意運作），同時還要求陰作為（接勁）綿密性、均勻性之運作能力，始有陽作為（發勁）之滲透性、漸進性的實現。

二、 移位的陰陽動作

以左後腳移到右前腳為例，由左後腳先向腳底穿旋（陰），接著將腳底反作用回來的能量（陽）向右前腳推移，右前腳則將左後腳推移過來的能量接引入腳底（陰），如此狀況下左後腳有陰下陽出的陰陽結構。而雙腳又都有運作，左後腳負責推移（陽），右前腳負責接收（陰），結果右前腳的鬆沉程度，腳底板的鬆脹、墜沉、穩定的感覺，比直接由右前腳先動，拉動身體到垂直定位在右前腳的作為，更有感覺、更為實在。

接著在右前腳陸續向下旋接（陰）的同時，右前腳同步要有向上反陽（陽）的意念，旋出上升的能量，使成為腿部推移的能量。若為從左腳移到右腳或從右腳移到左腳，其理相同，可自行練習。同時陽出的那腳其勁力的傳遞為 5 斤→ 10 斤→ 15 斤→ 20 斤，陰收的腳其鬆沉作為亦為 5 斤→ 10 斤→ 15 斤→ 20 斤，不可等到蓄滿 20 斤在腿上之後才開始鬆沉陰收，要比值相等地同步進行。

三、 4 動法、8 動法及 12 動法

1. 4 動法、8 動法及 12 動法之研究

（1）動機

　　由「左後腳移位到右前腳」為例，以 1 動方式位移，看似最快，但其中缺乏結構的合理性、太極陰陽的組合性、雙腳運行的互補性、能量的增強性，以及應敵時的變化性等問題的存在，反而是「欲速則不達」，因此才有 4 動法、8 動法及 12 動法之設計。

（2）移位時純加法牽涉到的問題

　　參見《細說 陰陽相濟的太極拳》P.37、P.38 所提及的

　　① 兩腳權利相等（地位相等）的問題

　　② 接力棒（或補給）的問題

　　③ 運行速度的問題

　　④ 陰下陽上之連接性問題

（3）應敵時的變化性問題

　　接敵時之狀況無一定標準，惟有從多元的考量及訓練中，培養應變能力，而有 8 動、12 動以使能量遞增的設計（見下面「移位的陰陽動作之圖說」（5）之說明）。

2. 移位的陰陽動作之圖說 1

　　請見下頁之圖示。

● 由左後腳移到右前腳

● 由左前腳移到右後腳

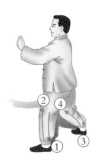

圖 27

（1）腳底板向下穿旋後，稍耐片刻、細心地感覺由腳底反
　　　升上來的能量，此能量為盤架、移位、發勁等的運作
　　　能量。

（2）在移位的陰陽動作，每一動的時間力求均勻。先單獨
　　　練習，稍有心得後，套入盤架、移位、發勁中。

（3）由動態移位練習的熟練，漸進於不動形、不移位的情
　　　況下，用「意」在原空間帶動此運作軌跡，形成發勁
　　　能量。

（4）以上由後到前，或由前到後的運作後，4動可形成3組太極，8動可形成7組太極，12動可形成11組太極（見說明）；發勁能量會隨著太極的組數越積越大。

（5）接戰時，先啟動第一組的4動（①②③④），若第一組的4動之能量不足以破敵，則需啟動第二組的4動（⑤⑥⑦⑧）或第三組的4動（⑨⑩⑪⑫）運作，使產生更大能量用於發勁。千萬不要在無法破敵時，拼命地用手或身體與對手對峙。

說明：

①陰+②陽＝第1組太極，②陽+③陰＝第2組太極，

③陰+④陽＝第3組太極，④陽+⑤陰＝第4組太極，

⑤陰+⑥陽＝第5組太極，⑥陽+⑦陰＝第6組太極，

⑦陰+⑧陽＝第7組太極，⑧陽+⑨陰＝第8組太極，

⑨陰+⑩陽＝第9組太極，⑩陽+⑪陰＝第10組太極，

⑪陰+⑫陽＝第11組太極。

3. 移位的陰陽動作箭頭圖示（4動法、8動法及12動法之圖示）

（1）等量法、等高法（高度全在膝蓋以下）

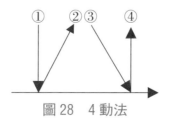

圖28　4動法

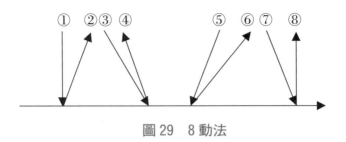

圖 29　8 動法

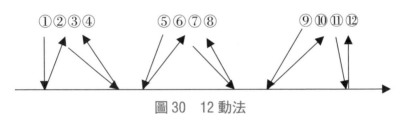

圖 30　12 動法

（2）12 動法之往返穿梭法（實務上為原空間運作）

圖 31　　　　　　　　　　　　　　　　　圖 32

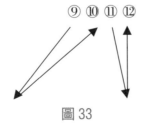

圖 33

（3）5斤、10斤、15斤遞加法

● 高度全在膝蓋以下之勁力變化

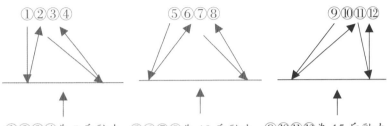

①②③④為 5 斤勁力　⑤⑥⑦⑧為 10 斤勁力　⑨⑩⑪⑫為 15 斤勁力

圖 34

（4）盤架、移位練習法

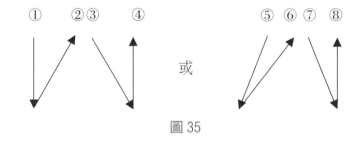

或

圖 35

（5）發勁練習法

● 4 動法

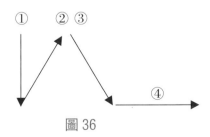

圖 36

● 8 動法

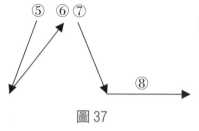

※前四動如（4）之 4 動法

圖 37

● 12 動法

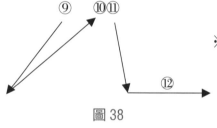

※前八動如（4）之 8 動法

圖 38

4. 身隨步換與步隨身換效能之比較

　　一般學習太極拳的學習者，常被灌輸「步隨身換」這句話，也常不自覺地接受這種理念，但嚴格來說這種方式運作的思維，在實務上，因身先動的關係，會使胸部挺進、手臂撐出，暴露形相地告訴對手「我來了！」，殊為不利於己的作為。

　　再者盤架時，若為「步隨身換」的打法，絕對打不出腳或（步）先動，而後才有身動、手動，而合於「其根在腳，發之於腿，主宰於腰，形乎手指」的效果，所以，適合的用語及運作方式以「身隨步換」為佳。

柒、公轉與自轉的訓練

一、公轉

1. **定義：** 雙手雙腳（含腿）之互補、互旋或互動

2. **雙腳與雙手**

（1）雙腳：

　　① 右腿右側向右後方 ⌒ 旋，左腿左側同時向左前方 ⌒
　　　旋。

　　② 右腿右側向右前方 ⌒ 旋，左腿左側同時向左後方 ⌒
　　　旋。

　　以上兩種說明，皆為兩腿同時反向運轉的公轉運作方
式。

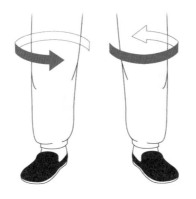

圖 39　②之圖示

　　圖示之圓弧箭線空白部份代表大腿背面，實線部份代表
大腿正面。

（2）雙手：

　　① 右手向右⌒旋，左手同時向左⌒旋。

　　② 右手向左⌒旋，左手同時向右⌒旋。

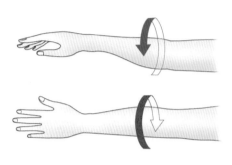

圖 40　② 之圖示

　　以上兩種皆為公轉，圖示之圓弧箭線之空白部份代表手臂背面，實線部份代表手臂正面。

二、自轉

1. 定義： 各手或各腳之左右或前後之互旋。

2. 雙腳與雙手

（1）右腳：

　　① 右腳之外側向右後方⌒旋時，內側同時向左前方⌣旋。

　　② 右腳之外側向右前方⌒旋時，內側同時向左後方⌣旋。

（2）左腳：

　　① 左腳之外側向右前方⌒旋時，內側同時向左後方⌣旋。

②左腳之外側向左後方⤺旋時，內側同時向右前方⤴
　旋。

　其圖示如右：

右腳為（1）
之②的圖示

左腳為（2）
之①的圖示

圖 41

（3）右手：

　　①右手之外側向內側⤵旋時，內側同時向右側⤴旋。

　　②右手之外側向內側⤴旋時，內側同時向右側⤵旋。

（4）左手：

　　①左手之外側向內側⤴旋時，內側同時向左側⤵旋。

　　②左手之外側向內側⤵旋時，內側同時向左側⤴旋。

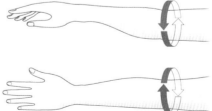

右手為（3）之②的圖示

左手為（4）之①的圖示

圖 42

以上腳、手公轉及自轉時，其弧度、速度、能量等力求均等；熟稔後，公轉及自轉可合併運作，例如：右腳之外側向右後方⌒旋，左腳之外側向左前方⌣旋，右腳之內側向左前方⌣旋，左腳之內側向右後方⌒旋，右手之外側向內側⌣旋，右手之內側向右側⌒旋，左手之外側向內側⌣旋，左手之內側則向左側⌒旋。

捌、腳踝、膝窩、胯的訓練

一、 腳踝的訓練

腳踝是腳與小腿之間的旋動樞紐，一般情況下具有「承」上啟下，「轉」動靈活，與他部位「合」而共存等功能。

在「雙環轉」及「立體三環轉」的運作中，則具有「起」的地位，因此在「陰陽相濟的太極拳」裡，與腳底共同處於①的地位，而有了「起」、「承」、「轉」、「合」的功能。

除了「雙環轉」及「立體三環轉」的訓練外，在第一階拳架運行中應以腳踝的連續左右旋轉，作為身體旋動、移位的動力。此旋動的動力亦可作為接勁與發勁（短勁）之用。

以「反者道之動」的道理，體會向前、向後、向左、向右操作之效果，以及在移位的過程中，需多體會「腳踝」旋扭的程度與方向，解除（或放鬆）此旋扭的作為，即是拳架運行的動能來源及拳架招式形成的基礎。

經上列的練習之後，勁力下上對走，由腳底經身體內之關節、部位穿旋到身體上盤，由下而上的結構體清楚呈現。

二、 膝窩（膝膕）的訓練

膝窩是小腿與大腿之間的旋動樞紐，以「意」旋動膝窩，可避開膝關節的傷害之外，且有維持垂直軸穩定，有效進行「立體三環轉」的運作，使小腿與大腿相互擰轉（膝窩不可撐開）產生強大勁力，以及接勁順暢的優點。

向前移位時，當前腳的膝窩感受到後腳的來力，即由膝窩引入前腳底繼續移向前腳的定位點。若向後移位，當後腳的膝窩感受到前腳的來力，即由後腳膝窩以弧形方式引入腳底，繼續移向後腳的定位點，均可產生相當可觀的效果。

雙腳膝窩運作時，由後向前移，在向前移時意念放在膝窩，由膝窩同時向下（陰）向前（陽）運行，其勁力強大。

圖 43

大部份人的移位，多由膝蓋往前的方式運行（見下圖44），以致未能產生陰陽組合力。

圖 44

三、胯的訓練

胯是腿與上半身體間的連結關卡，一般場合常聽到的多是「落胯」、「鬆腰坐胯」、「旋胯」等，我的訓練方法則有不同，計有二項。

第一項：腳的提起或起腳飛踢，先由胯以內斂方式將腳「拎」起後才開始。放下（如盤架中虛腳之移出、擺放）時係由實腳的胯旋落使另一腳（一般指虛腳）落地的。

第二項：雙腳為雙重的五五站法，近於雙重的站法時，雙胯之間，例如右胯拎起（內動外不動）右腳的重量，隨即通過左胯（向下卸）將右腳的重量丟入左腳，使左腳成為近於實腳，右腳成為近於虛腳。再由左胯拎起左腳的重量，經右胯送入右腳。週而復始地在雙胯間穿梭游走（或稱雙胯穿梭法），使其成為習慣。

在接發勁的運作上以「雙胯穿梭法」威力最大，可實施雙腿（含腳）機動戰法、使能量加速增大，較能應付猛然的攻擊。

玖、重心置於後腳的訓練

一、重心置於後腳，看似置己於絕境，但可以培養不畏敵的心理。在練習的歲月裡，有逼使我人在承受力上下工夫，使接勁能力增強的效果。

二、重心置於後腳，雖無後退空間，卻預留前移發勁之延展
　　空間，又可發揮前腳單獨起腳出擊之便。雙腳可隨意發
　　動獨立或彼此輔助的攻勢運作，使兩腳呈現「靈活」的
　　狀態。

三、重心置於後腳，看似無退縮空間，卻有請君入甕誘敵出
　　擊之玄，引動對手外移前進，產生重心瓦解崩潰之妙。

四、重心置於後腳，在接戰時挪動空間大，不易發生雙腳僵
　　滯在原空間的可能。

五、重心置於後腳，在接發勁之際，不需移動身軀，除了接
　　發勁時間快之外，還有不易予對手觀察我人動作的機
　　會。

六、重心置於後腳，不至於讓勁力隨意吐放出去，加上「牽
　　引手」、「升揚手」及「S形延展手」的組合練習，可
　　快速展現接發勁的功能。

七、綜上「重心置於後腳」七項的特質，讓心靈體會沒
　　「捨」那有「得」之禪理，應敵時抱持「置之死地而後
　　生」的心理，可培養「不畏敵」的內在修為，而散發為
　　「無所為，而後無所不為」的磅礡氣勢。

拾、雙重爲美，雙動是寶

　　以上「重心置於後腳」的觀念，一路陪伴著我的太極拳
功夫成長，大約流行於 2000 年代，如今都還有這樣的作為
（特別在雙方接搭手的剎那），對我而言有其階段性的地位
及功效。

隨著歲月的更迭，觀念的更新、功夫的成長、信心的增強，雙腳站姿漸趨於五五對分的「雙重」形態；因為既合於太極圖中陰陽各佔一半，五陰五陽的道理之外，又有雙重的形態優美、雙重的結構均衡，同時雙重的運作省時省力、可生組合力（前後腳或左右手之組合力）、發勁的距離縮短，發勁的勁整力巨等種種好處。

　　且也已建構了「雙重」情況下的下盤危機處理法，今天已能很有效地進行「雙重」的表演或接戰。因此「雙重為美，雙動是寶」的道理及用語已經來臨了！

第三章　各種理念的認識與建立

　　這裡所謂的理念，是指有助於太極拳及太極勁法學習的各種理念，有的來自於古人的研究，有的來自於個人對於萬象的觀察，有的來自於實務的心得，形形色色不一而足，大致蒐羅於下，特別提出來與各位分享。

壹、對於太極拳之「太極」文意與實務的沉思

　　《周易》是中國最早最重要的典籍之一，儒家尊之為「群經之首」，道家崇之為「三玄之一」。

　　《周易》分《易經》和《易傳》兩部分。《易經》以卦爻符號和卦辭、爻辭的文字系統，占筮吉凶為語言形式，對天理人理進行探究。

　　《易傳》則對《易經》思想加以發揮，提出「道」的重要範疇，認為「一陰一陽之謂道」、「形而上者謂之道」。以及《周易・繫辭上》「易有太極，是生兩儀，兩儀生四象，四象生八卦」，由太極分化出陰陽，陰陽的對立、交感、往來、變化即為「道」。

　　《易傳》將「陰陽」看作是表述自然界普遍聯繫的基本範疇，陰陽不僅是兩種氣，而且是事物的屬性，以陰陽闡釋卦爻象及事物的根本性質，說明任何事物都具有兩重性。提出「一陰一陽之謂道」的命題，認為天地萬物到人類，都存

在著相吸引或相排斥的關係，對立的事物又具有統一性。事物本身對立面（陰陽）的相互作用，是事物變化的普遍規律和萬物化生的源泉。一切事物的複雜性，都受陰陽對立統一規律的制約。

易含三義，「簡易」言《周易》之理簡明易曉；「變易」以「窮則變，變則通，通則久」說明事物變化的過程；「不易」說明事物運動規律的相對靜止狀態和相對穩定性，是指「道」或「太極」，即大自然規律本質。

易兼五義，「變易」表明宇宙萬物的變化運動；「交易」表明宇宙陰陽矛盾的交往、轉化；「反易」指陰陽矛盾的反覆變化；「對易」指陰陽矛盾朝相對立的方向發展；「移易」指陰陽矛盾的上下推移運動。

歷代易學家對於「太極」的說法，具有代表性的人物及卓見，擇要列舉如下：

● 晉韓康伯：「夫有始於無，故太極生兩儀也。太極者，無之，不可得而名，取有之所極，況之太極者也」，太極是「不可為象」的一種內在原因根據，是形而上的虛無實體。

● 唐孔穎達《周易正義》：「太極謂天地未分之前，元氣混而為一。」指宇宙最初為渾然一體的元氣。

● 北宋周敦頤：「無極而太極，太極動而生陽，動極而靜，靜而生陰，靜極復動，一動一靜，互為其根，分陰分陽，兩儀立焉」，以陰陽混合未分為太極，同時太極是由無極而來的。他提出太極動靜的問題，在易學史上不少易學家就此展開了討論，形成以下各種說法：

①太極的運動是相對的、暫時的，而靜止則是絕對的、永恆的。

②太極是陰陽二氣的統一體，它兼有虛實、動靜、聚散、清濁兩方面。

③太極為動靜之理，它本身並無動靜，能動靜者是氣。但有了動靜，方有動靜之事。太極之理為形而上者，動靜之氣則為形而下者。

● 南宋陸九淵，不承認「太極」之上還有「無極」。

● 南宋邵雍：「太極一也，不動生二，神也」，以數說太極。

● 南宋朱熹：「極是道理之極至，總天地萬物之理」，以理說太極。認為「無極而太極」即是「無形而有理」，「太極」是形而上的道。

● 南宋朱熹：「易有太極，是生兩儀……雖然自見在事物觀之，則陰陽函太極，推其本則太極生陰陽」，朱熹認為，太極和陰陽互相包容，「生則俱生」。

● 北宋張載：「一物而兩體，其太極之謂與？」，認為陰陽合一則變化莫測，其對立則相互推移。

● 北宋張載：「太和所謂道，中涵浮沉、升降、動靜相感之性，是生絪縕、相蕩、勝負、屈伸之始」。

※太和（指氣的高度和諧狀態）之境中，涵有陽氣輕浮而上升，陰氣重濁而下降，陽動陰靜相互召感的本性。有此本性方能產生相互吸引、相互推蕩、相互勝負、相互屈伸等運動形式。此種變化過程，開始時細微而簡易，終究成為廣大而堅定，成為萬事萬物運動變化的形式，這就是《周易》所說的變易之道。

- 清代王夫之，闡發張載學說，堅持以對立統一觀說太極。認為太極為陰陽二氣合一的實體，此實體自身具有運動的本性和變化規律，且寓於天地萬物之中，一切現象都是此陰陽統一體不同的表現形式，發揮了以「太和之氣」為世界本原的思想。

※以上內容於 2006 年 9 月 2 日摘錄自　建安出版社於 1996 年 2 月初版一刷　張其成主編的《易學大辭典》

以上各家在「太極」的說法上，從歷史的演進過程看，由北宋周敦頤開始有了「陰陽動靜」，「靜而生陰、動而生陽」、「太極分陰分陽」的說法，延續到清代王夫之的說法，幾乎都不離北宋周敦頤的中心思維，卻是廣度更拓展（如理、數、象）、深度更細微（如陰沉陽升、相互吸引、相互推盪），以解說萬事萬物運動變化的形式，使容量更豐富，完美了可以詮釋現代世人所認識以「太極圖」為表徵的太極之理。

由上面摘錄整理的資料可知，太極圖所描述、表達的是陰陽的關係。陰陽的關係，從太極圖來觀察，所顯現的「一陰一陽」關係，除了能夠輕易地詮釋世上家電製品、通訊、機器、車輛等啟動時需陰陽極接通之當然現象。也能夠解讀太極拳經論中，張三丰的「有上則有下，有前則有後，有左則有右」，陳鑫的「五陰五陽是妙手」，以及我個人提出「陰陽比值相等卻又同時反向運作之結構」的內涵。

在我未讀《易學大辭典》之前大約 10 年的歲月中，已由太極圖的結構本身、太極圖結構與人事萬象的對照中，發

現七大項與「陰陽」有關的問題，其中六大項已先後發表在已發行於世的《陰陽相濟的太極拳》及《細說 陰陽相濟的太極拳》兩本著作中，以及發表於本書中的第七項，均敘述著與太極陰陽有關的文意與實務的見解，且於 2006 年 4 月份將兩本著作中有關於「陰陽」的部份彙整為「太極陰陽給予我人的啟示」一文。

　　如今以「太極陰陽給予我人的啟示」一文，對照上述易兼五義之「變易」表明宇宙萬物的變化運動；「交易」表明宇宙陰陽矛盾的交往、轉化；「反易」指陰陽矛盾的反覆變化；「對易」指陰陽矛盾朝相對立的方向發展；「移易」指陰陽矛盾的上下推移運動。意外地發現，《易學大辭典》內所闡釋的太極陰陽與我研發出來的太極陰陽之理幾乎不謀而合，其五義的內涵，可以逐一比對如下。

一、陰陽權利地位相等　　「交易、對易」

二、上下、前後、左右的同步運行——「對易、移易」

三、S 形曲線的特質——「變易」、「交易」

四、「矛盾對立而統一」或「陰陽比值相等卻又同時反向運作的結構」——「移易、交易」

五、太極陰陽的形式，可為圓形，亦可為其他形式——「變易、對易、移易」

六、「陰生陽」或「空中生妙有」——「變易、交易」

七、「陰將盡陽已出，陽將盡陰已出」——「變易、反易」

　　「太極」之理應是太極勁法愛好者詮釋的核心，也是太極拳愛好者不可須臾或離的思維。藉由「太極陰陽給予我人

的啟示」一文中提及的七大項，從不同角度詮釋太極陰陽的道理，既具有可觀察性、更具有實現性。以及多元、豐富、有創意、又合於易兼五義的內容，足堪勝任太極拳及太極勁法的神聖使命。

貳、「有上則有下，有前則有後，有左則有右」的新認知

一、 以人爲方式操作

下上陰陽、後前陰陽及左右陰陽，同時反向且比值相等的作為，從而達到「有上則有下，有前則有後，有左則有右」的效果。其中之「則」字指的是「同時」之意。

二、 不以人爲方式操作

是先做「下」而生「上」（如：腳向大地穿旋，大地回以反作用力）、先做「後」而生「前」（如：火箭、沖天炮的火焰向後噴，形成火箭、沖天炮前進的推力）、先做「右」而生「左」（如：軀體的轉動，先向右轉會形成左半邊的左轉）；也就是先作單項作為之後，會產生反向的效果（反者道之動的啟示），相對應地存在。或者說凡反向的作為之後，會產生的自動正向（對敵發勁之向）回饋。因此「有上則有下，有前則有後，有左則有右」中之「則」字，指的是「隨後產生」之意。不過此「隨後產生」的時間與先前的「前置作業」時間，必須練到祇有極微的差距（約 0.X 秒），才足以應敵。

三、 兩種思維的差異

以上兩種思維雖有差異，但在接戰時都有其功能。若比較而論，兩項思維在實務上，所衍生出來的問題大致如下：

第一種思維與練法的結果，發勁之際，「陽勁」由前方出，陽勁短、速度快。但續航力差，容易動「手」，因此對手容易「聽」到；但若為下上、後前、左右，六個方向的同時運作，形成上手之際的「六合」，而產生「太極之體」的結構，不僅便於「太極之用」的發揮，且具有堅實的「防護罩」，更可培養出非常靈活、圓動的雙腳及雙腿。

第二種思維與練法的結果，「陽勁」係由腳底或後方節節貫串地傳出來的，距離長出擊速度較慢，但隱藏性高，續航力持久，漩渦及龍捲風的雙向螺旋效果較好，送到對手身上的勁力較強，對敵的拔根破壞力大。

參、 反射勁路圖

一、 思維之誕生

在升揚手的自我學習，悟及蹺蹺板運作方式、發人先向自己發，火箭向後噴射火焰而生上升或前進的動力等，顯現合於「反者道之動」的啟示。以及親身體驗到「由陰生陽」與「陰極生陽」的特質，歷經檢測而確認它的效果，深深以為可成為一套可用的「公理」。此公理用文字表達頗為複雜，但將其轉化為與人體各個部位關節有關的圖示，則便於觀察與瞭解，而有了反射勁路關係圖的誕生。

二、圖示

請參見《細說 陰陽相濟的太極拳》P.44，或本書第一章六、「陰生陽」或「空中生妙有」的圖3。

三、練習法

訓練方式在《細說 陰陽相濟的太極拳》P.45～P.47有「時間」及「腳底旋動」兩種訓練法的說明，在此則有更全面性的練習法。

1. 單腳

（1）重心先落在右腳，雙手鬆垂在大腿邊，仿「沙漏」方式，依序以旋動方式漏沉垂直腳的腳底板、腳踝、小腿、膝窩、大腿、臀、腰、背、夾脊、肩。以上漏沉時間約為1！2！3！4！或到5！的範圍，同時由腳底板到肩之間，有如螺旋線似地，由腳底持續向右下方旋動、洩漏身體重力於大地之下。

（2）重心以∩方式移到左腳，接著依上述說明，以旋動方式漏沉到肩。（由腳底板到肩之間的作為，都有如螺旋線似地，由腳底持續向左下方旋動、洩漏身體重力於大地之下）。

2. 同腳同手

（1）重心落在右腳，飄起右手（右腳右手），接著依序漏沉旋動垂直腳的腳底板、腳踝、小腿、膝窩、大腿、臀、腰、背、夾脊、肩、上臂、手肘、前臂、腕、手（以上漏沉總時間約為5！的範圍），同時漏沉由腳底板開始，每一次的漏沉約半公分，手即被向後帶回

約半公分，有如沙漏逐漸下洩，上層的沙即跟著下降。漏沉到手時，身體高度約下降 7～8 公分；過程中，手臂向後向上弧線旋翹揚起，由上臂外緣通過後肩，斜插入夾脊，經背、腰、臀、大腿、膝窩、小腿、踝、腳而與大地相連接）。

（2）重心以 ∩ 方式移到左腳，飄起左手（左腳左手），接著依上述方式練習。

3. 交叉練法（左腳右手、右腳左手）

（1）左腳在後，右腳在前，飄起右手；由左腳腳底板開始旋動漏沉，接著腳踝、小腿、膝窩、大腿、臀、腰、背、右夾脊、右肩、右手上臂、右手肘、右前臂、右腕、右手。

（2）右腳在後，左腳在前，飄起左手；由右腳腳底板開始旋動漏沉，接著腳踝、小腿、膝窩、大腿、臀、腰、背、左夾脊、左肩、左手上臂、左手肘、左前臂、左腕、左手。

4. 時間縮短的訓練

在以上二、三、的練習法下，將時間由 1！2！3！4！5！，逐漸縮減到 1！或 0.X 秒內；身形逐漸上升到自然站立狀態，達到「內動外不動」下，能將手快速揚起的效果。

5. 雙腳齊練、雙手揚起

我人在原地或動步接敵時，全身各部位關節的漏沉，經由雙腳同時洩入大地，並隨勢快速（0.X 秒內）揚起雙手，由腳下到手上有如掄起兩條鞭子，揚在空中（人不可高起來），與對手搭上即可發勁。

四、功能

習之日久，各部位關節漏沉到那裡，陽勁就長到那裡。陰陽相生相長。「陰陽同出」，「陰陽同在」、「通體透空」等現象很真實地顯現出來。「鬆腰胯」、「含胸拔背」、「沉肩垂肘」、「虛靈頂勁」等太極拳學習要點，及接手之際即有「引勁落空」等效能隱含其中。

五、練習時機

腳底運行與反射勁路關係圖，是另一個層級的練習方法，是「由下而上」的練習法，基本上是在各項「從無練到有」的功法練習已熟稔，接發勁已可信手拈來，隨心所欲地有效應敵之後的課題。

肆、一觸即發

「一觸即發」四個字，在一般太極拳界或太極拳書籍中提到的說法，是修為到高層次後，渾身無處不太極，近於後期的表現。然而在我的太極拳裡卻是由初期直到永遠，都須時時「念念不忘」的指引方針。

「一觸」者，可指搭點，亦可指將來勁力道接引入體內之「勁的落點」，我是偏向後者的思維及練法。接引入身體內之勁的落點為腳底，腳底即為「觸點」，接引入身體內之勁的落點為腰背部，腰背部即為「觸點」，也可以說搭點並不是觸點，勁的落點才是觸點（觸擊之點）。

「即發」者，無遲滯等待之意，有.如迫擊砲的砲彈由砲筒口放入（彷如來勁力道），砲彈底座的底火被撞針撞擊（底火與撞針撞擊的撞擊點即觸點），砲彈瞬間即被擊發。

將上述迫擊砲的射擊方式，套入太極勁法的發勁領域中，不就把很多人努力追求如何接？接到那理？何時發？有關接發勁的問題通通解決了！？

伍、萬物負陰而抱陽

背面作陰（負陰），則陽生於正面（抱陽）。因此與對手相向、相搭或動手之際，不要由正面作陰；念茲在茲的是一舉手一投足之間，皆由「背」面陰下。

「背面」作陰，指的是將來勁力道由背部如水簾瀑布似經後肩、夾脊、背部、腰、臀、大腿、膝窩、小腿、腳踝，腳，洩入大地，接著可發動下、中、上三盤齊發的勁力。

陸、雙虛腳

雙腳皆為虛腳，既不會踩實（踩死），勁接的深，又有靈活性之外，更大的好處是「陰」已先動，此陰的深度或大小，事先由審敵判定。待對方來勁力道加諸我身時，我人即可發「陽」勁。

不必等對方來勁時，才開始作「陰」隨後再作「陽」，若如此總共需 2 動的運作。比起已在陰腳的狀況下，接上即

打的 1 動的動作，要省一倍的時間。因此在雙虛腳的狀態下，勁快而脆，破敵效果良好。

切記！不要等到「落實」、「坐實」、「確實」後，以為一切準備好才出擊，面對有經驗或身體壯碩者，等一切準備好反而是大勢已去！因此電光石火般的「以快制慢」、「動步中戰敵之先」、「由一成功力打起」等，讓對手無法從形相上捕捉發勁把柄的「出奇致勝」觀念要建立起來。

柒、太極圖新思維

在右圖🪬中先由右上方的陽魚觀察，當陽魚尚未到達最底點時，右邊的陰魚尾（約在陽的作為達到 80%左右）已開始啟動；再由左下方的陰魚觀察，當陰魚尚未到達最底點時，左邊的陽魚尾（約在陰的作為達到 80%左右）也一樣地開始啟動。

有如四季氣候的轉變為例，四季的變化由上一季轉入下一季時，上一季並非驟然地結束，下一季也並非驟然地開始。而是上一季漸漸地終止之前，下一季已開始活絡起來，這是自然的現象。

俗語常說「順其自然」，凡事能順其自然則最自然！將此自然現象轉為太極拳的陰陽運作，表示不可先純陰然後再純陽；若為先純陰然後再純陽，有定點（落點）的出現，則其弊病，一為陰的極點時有落點，易為對手勁力所追，二為反應時間遲滯、三為起陽勁時易為對手聽勁。因此陰、陽不可做盡、做絕，應該是「陰將盡須出陽，陽將盡須回陰」！其圖示如下。

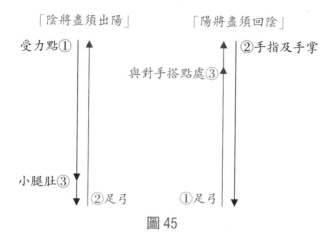

圖45

上左圖②先行的 20% 作為，相當於「前置作業」的準備時間，或有如接力賽時，後手跑者須在前手跑者將到達之際，須先起動衝勢的動能，才有接棒即出的效果，若等到前手跑者到達之際，後手跑者才開始起動絕對無法應付比賽的。

上右圖②先行的 20% 作為，不致於與對手相衝撞，給予對手連續聽勁的機會之外，且有「引進落空」的效果，使對手感應剎那落空之際，我人勁力更有剎那增壓的功效，破敵則易如反掌！

捌、溝渠灌漑理論

欲對農作物澆水灌溉，需藉由溝渠中有足夠的水量，才得以進行。由此可知，除需具備「溝渠」（硬體）的存在前提之外、還需足夠的「水量」（軟體），才能進行灌溉。

出自於自然界現象的思維，移入發勁的領域；將人體之腳、身軀及手均可視為溝渠，溝渠內部注入「完整一氣」的氣勁，才足以言用。其操作方式，以己意或借助他力，先向「下」穿旋，隨即節節向「上」貫串而起的氣勁，經腳、腿、身軀、手遍佈全身，這時才有發勁的本錢，也才有向對手源源不斷地灌溉澆水（發勁）的能力。

玖、三直發勁法

「三直發勁法」係依據動作狀態所衍生的新名詞，此新名詞對於過去的學習內容有統合的意義外，也有促進功夫整體快速達成的功效。

三直者指腿直、身直、手直之意，在三直的情況下，不僅發勁效果良好，對於身體健康一樣有其功效。

「腿直」者指雙腿隨時保持「立體三環轉」，且能相互運作之能力；「身直」者指由下而上之勁路，節節貫串而上，進而形成挺胸抬頭，以至「虛靈頂勁」之身體「拔」、「撐」伸直狀態；「手直」者指與對手相搭之手，肘眼不下垂之旋肘，並使上臂與前臂形成 S 形之伸展。

在三直狀態下，有如多條小河的匯集，使水量豐沛，沖激力增強，進而形成大河，產生更大的生命活力！

拾、翅膀理論

鳥類的胸肌非常發達，如鴿子胸肌中，其體重的 1/4～1/5 胸部隆起一團厚厚的肌肉，附在大片的胸骨上，發達的

大片肌骨還可作翅膀的基座。依靠胸肌的收縮、舒張，帶動翅膀上下扇動，通過胸肌的活動，能產生足以支持並超過鳥類體重的動力，胸肌成了鳥兒的天然發動機，鳥類的骨骼系統也可與飛行相適應，骨骼成份內的無機鹽較多，使全身骨骼堅而輕，以減輕體重。（以上參考資料：網路，人民教育出版社，初中生物之『鳥類的飛行』）

由「依靠胸肌的收縮、舒張，帶動翅膀上下扇動」的事實，可知鳥類拍動翅膀飛行時，係由靠近身體的部份啟動（如人體之胸肌及背肌），並非由下圖的翅尾（如人體的手）去揮動的；而人體的上臂、夾脊、擴背肌、連同虛擬連接上臂與身體的脇下（『脇』音同『協』；此部位，在鳥類稱脇下，在人類稱腋下）所組成如下圖紅色的三角形區域，就如同鳥類翅膀的運動方式，則可產生強大的能量，而利於飛行。

仿此，人體的左右手臂、夾脊、擴背肌、連同虛擬的脇下，以類似於鳥類翅膀的紅色的三角形區域由後向前如拍翅般揮動，則其功效除能量大之外，動作不由手掌、手腕、前臂啟動，具有隱藏性，在發勁過程中對手難以察覺，又可產生合擊效果。

以類似於鳥類翅膀的運動方式（簡稱翅膀理論），可生省力，不動手，隱藏身形體相，前後發射，與「下中上」三盤整體運作的模式相結合運作，整勁效果良好，能量大，能以雙齒輪旋轉，或雙垂直軸旋轉統合運作等優點，希望各位同好能細細地品味、學習。

其圖示如下：

左圖資料來源：
國立自然科學博物館
飛、飛、飛／活動指引
鳥類的翅膀
三條紅色線由筆者加上的。

左翅的背面觀
鳥類前肢骨骼和飛羽關係

圖46

拾壹、戰車履帶理論

　　本理論是在剖析身體應隨腳步移動的道理，當我們在盤架子的時候，腳未動身體絕不可先動，更不可用腰帶動身體，一切動能皆由腳腿傳遞，就好比戰車是由履帶滾動，帶著車身、砲塔前進。不可能車身、砲塔先動，接著才有履帶滾動而能前進的。也就是要到那裡作戰，都要由履帶滾動或移步才能到達，是同一道理。

　　至於砲塔的旋轉，則與人們用腰的旋轉的結構不一樣，戰車砲塔的旋轉是在一個圓盤的軌道上轉動方向而已，並沒改變車身結構。人們用腰旋動將使勁斷於腰，勁之傳送阻滯於腰際，反而影響了接勁、發勁的效果。

　　當腳底的訓練有了效果，具備了有如戰車履帶可以承載、可以移動的能力，腳以上的身體部分隨腳動，隨腳發（身隨步換），其能耐勝於以腰為主的作為方式。

　　在移位的時候，不直接往前或往後出去，先由腳底向地下穿旋，產生了向上的回饋能量後才開始移動，還須有前後腳相互對抗擠壓互動的運作方式在裡面，這樣才有功效。

拾貳、由「S形延展手」談起

「S形延展手」（參見第四章 大S形 圖45 之圖示）係以手肘之肘彎處為中線（中心），上臂與前臂同時向後、向前，以S形方式延展的手臂運作法。即右手臂之上臂外側向右後下方旋動，前臂之內側向左前下方旋動（或左手臂上臂之外側向左後下方旋動，前臂內側向右前下方旋動），同時等速、等量、等弧旋動上臂與前臂的手法。也就是上臂與前臂進行著「陰陽比值相等卻又同時反向運作的結構」的陰陽之理。

「S形延展手」的開發有其陰陽之理，有其運作內容，更有其功效。其功效是能使手臂的承受力加大，在對手強力進擊的剎那，手臂不易折回來或被迫退縮，且能快速出擊。

人體結構中之腳猶如樹根，軀體猶如樹幹，手臂猶如樹枝，手指猶如樹葉。猶如樹枝的手臂，對軀體（樹幹）、腳（樹根）而言並不夠強壯，舉如手的八法連環運用、垂肘、旋肘等等的運作，操作路線係上盤的操作，僅是第一道防線的修為而已，能耐到底是有限的。

在與對手接手的時刻裡，軀體被接搭的機會非常多，因此以軀體進行接發勁的能力也必須有效的培養。夾脊是手臂與軀體的連結樞紐，將夾脊到全手臂之路徑視為「S形延展手」中之前臂，夾脊以下到腳底間之路徑視為「S形延展手」中之上臂，透過夾脊的運作使下上接通，可進行類似「S形延展手」的下上對旋，操作路線為中下盤，產生比手臂之「S形延展手」有更強大的承受力，勁力可時時滲透、

鎖住對手，伺機發勁的特效，也可將來勁力道由夾脊引入腳底，陰的作為比手臂之「S形延展手」陰深而長，反陽的效果當然就更好。

接下來是腳底板與大地之間的連結樞紐，這個連結樞紐我是以「足弓」為樞紐（其他門派則多以『湧泉』為樞紐），透過垂直軸的訓練，在地平面的下上進行著類似「S形延展手」的下上對旋，「足弓」以上視為前臂，「足弓」以下視為上臂，操作路線純為下盤，向下、向上的動能起點都在腳底板，這樣就進入了「其根在腳」的層次。

然而，腳底（樹根）功力的養成卻是無法一蹴而及，若等到軀體的操練熟稔之後才開始，又嫌太晚。所以一開始先由垂直軸的訓練奠基，日積月累之餘，與「由上而下」的訓練系統相串聯（彷如隧道的開鑿，是由兩頭同時開挖一樣），可使上下暢通的訓練時間縮短，進而以「由上而下」或「由下而上」的勁力傳輸，均可順暢無阻。

當手臂（樹枝）、軀體（樹幹）、腳底（樹根）已被有效訓練，「由上而下」上中下三盤的運作能力成就之後，則漸改由腳底漏沉方式運作。凡中上盤的來勁力道，均由腳底「由下而上」地接化，並以「下上相隨、右左互旋、後前對走」的六向運作法，統合於同一時間內，進行接發勁的作為，則勁整而強，其防護力及發射力均佳。

拾參、「攻守一體」與「距離為零」之我見

在《陰陽相濟的太極拳》的 P.179，日本亞洲拳學研究

會領導人 川村伸 先生與筆者接觸後的感想「與理想的邂逅」的文章中，開宗明義地提到，追求武術的理想境界，就是要達到「攻守一體」與「距離為零」的兩個目標。這兩個目標可說是相當高的武術境界，要實現它不簡單。

「攻守一體」與「距離為零」是武術的理想境界，我不曾想過。同時以「攻守一體」而論，「攻守一體」是否就是理想的武術境界？也值得我人進一步探討。

「攻守一體」的意念為「攻」字開頭，轉為動作的呈現，容易露形露相，給予對手有觀察的機會，同時「攻」字相近於太極陰陽的「陽」字，陽盛易生「盛極而衰」的現象。

「攻」對於防備能力差者有其功效，對於能力相當或能力更高者，祇是徒然浪費卡路里而已。雖然「攻」字後面跟著「守」字，其實這個「守」字起不了多大作用的。

若為「守攻一體」就合於太極陰陽之「陰」、「陽」排列，以及「陰陽相濟」的說法。同時「陰」的運作會蓄為「陽」的能量，此能量可化為打擊對手的能量。

再談「距離為零」是否也是理想的武術境界？若距離為零，幾乎就失去了能量傳輸的機會。能量傳輸需要管道、需要空間。外家拳需要體外的空間，以便在空間中施展技術或產生加速度以便攻敵。外家拳為了施展動作招式，需要體外的空間距離是必須的，因此，外家拳要達到「距離為零」的理想，幾乎不可能。

內家拳一樣需要能量傳輸的管道與空間，祇是較不「形之於外」罷了。試想人體從腳底到達手上約有兩公尺的距離，因此從承受攻擊時，先將來勁力道接入腳底，然後再由

腳底傳送勁力回給對手，至少要有兩公尺甚至於兩公尺以上的距離才能破敵。在我的《陰陽相濟的太極拳》第五章『勁路的圖示』中就可清楚地看到勁路在人體內的傳輸情形。內家拳與對手的接觸的距離可以為零，但是，勁力的傳輸距離卻不是零。

內家拳是用體內距離運作，外家拳是用體外距離運作，兩者都需要距離，一者為體內，一者為體外，運作空間不同而已。

從上述「守攻一體」不同於「攻守一體」的理念，以及「體內距離」有別於「體外距離」的鍛鍊，當然練出來的功夫就有了差異。

拾肆、心知與身知

太極拳或太極勁法的學習，有「心知」和「身知」的說法，通常是先有「心知」然後「身知」，或「心知」勝於「身知」。「心知」是指對於老師的動作示範、講解以及太極拳的拳理拳法，拳經拳論的理解，「身知」是指拳理拳法、拳經拳論等在演練者身體上，通過拳架及形體運作的具體體現，將太極拳的精神內涵予以呈現出來。

「心知」是每一位練太極拳的人努力的方向與必經的途徑。「身知」的程度是評定其太極拳學習水準及拳技水準的標準。

「心知」和「身知」的關係，剛開始時「心知」是「身知」的基礎與前提，「身知」是對「心知」具體化的驗證，通過「身知」才能達到「心知」的效果，但多數人多是「心

知身不知」，要經老師重複的叮囑指正，自我不斷的練習體會，「心知」才能漸漸地使逐步變為「身知」。接著隨著歲月的增加，對自我身體氣勁運行、肢體操作的情況日趨明白後的「身知」，反而回饋為新的「心知」，我的很多動作都是在身知之後，提煉為「心知」層次的。因為有些作為是從來都不知，也不曾在典籍中出現過的，根本無「心知」的空間，惟有「身知」之後，才可轉為「心知」的（如：由『升揚手』的練習中，感覺到『漏沉』的現象，循此現象開發出『腳底運行與反射勁路關係圖』）。因此「心知」和「身知」是可以相互交流的。

太極拳或太極勁法的學習，多數人是以主觀代替客觀，都自以為是。如最核心的「太極陰陽」之文義，就有如盲人摸象一般，有的認為「先陰後陽」是為「太極陰陽」的內涵；有的認為「陰的終點是陽的起點，陽的終點是陰的起點，循環無間」是為「太極陰陽」的內涵；有的認為「先由剛練柔，然後由柔練剛，最後為陰陽相濟」是為「太極陰陽」的內涵；有的認為「太極即開合，開合即太極」是為「太極陰陽」的內涵；有的認為「陰陽同在、陰陽同出、五陰五陽」是為「太極陰陽」的內涵⋯⋯，以為已「心知」，卻是各家各執一詞，所以才會發展出那麼多的門派。

那麼前述五種說法，到底何者為真？何者與太極陰陽的本意相吻合？由太極圖剖析之「太極陰陽給予我人的啟示」一文是最清楚的答案！

同時已將拳理體現在拳架中的，究竟是多少？是部分體現、還是全部體現？因為自己看不到自己，無法瞭解自己，所以多數人可能是長期停留在「心知身不知」的階段，每天

在重複著錯誤的作為而不自知。因此祇有正確的「心知」，才能實現正確的「身知」，而敏銳的「身知」也為新的「心知」提供了新的窗口、新的視野。

再者老拳譜之拳理拳法，多是先輩們個人的見解、用字及當時功夫層次的表達，並不見得適用於所有的人，因為其中是否合於物理之理（例如：萬物的成長是『由下而上』的，但在實務上多為『由上而下』的運作）？是否合於拳理拳法之理（以『陰陽相濟』與『以柔克剛』為例，兩者的理念及運作方式是截然不同的，如何能相容於太極拳中！）？且經過科學的驗證（因很多動作招式既不合物理之理，又不合力學結構）？所以老拳譜可作為「參考」，不宜囫圇吞棗當「圭臬」，須輔以對照、思考、驗證的過程，始可定位。此外，拳譜亦可由我人的新思維、新體認、新開發、新理論以開創新局！

太極拳或太極勁法，雖然歷經了幾代人的潛心研究、探索與發展，已經達到了相當高的境界，但不能說已經達到顛峰了，不能再發展了。隨著科學技術的不斷發展，人類思維的不斷創新，對運動生理學、運動力學等認識的不斷加深，思維、理論、動作也必將在實踐中得到進一步的激盪與發展，進而向世人展示其更高的內涵與價值。

第四章　中盤及上盤的訓練
（初級訓練階段）

壹、 中盤──腰的訓練

一、腰部的自轉訓練

　　腰部的旋轉牽涉兩個問題，第一不應由腰開始旋動（見下面『腰為主宰』之說明），第二是旋動的方式要如自轉的說明，即有左◡即要有右◠或有前◡即要有後◠左的相互旋動，有如旋轉太極圖時，圖騰上的陰向前轉的同時陽即向後轉，陽向右轉的同時陰即向左轉。因此維持軸心位置的不變情況下，前後或左右的同時旋轉，才是合理的運轉方式，並非右腰向前或左腰向前的方式運作。

二、腰為主宰

　　「腰為主宰」這句話，予人顧名思義的見解，以腰帶動手、腳是正當的。因此幾乎各本有關太極拳的書籍，都是腰需先動以帶動四肢的說法，然而以腰動帶動四肢的操作概念，有其缺點存在。

　　由拳經「由腳，而腿，而腰，而形乎手指」的文義看，「腰」居身體中間位置，關係著上下連繫效果，若動腰會使

勁力僵滯於腰際，勁力的傳輸反而受制，又由實務的動作中可發現，當我們動到腰時所產生的能量及傳輸能量的速度，比起不動腰時所產生的能量小，傳輸能量的速度慢，也就是說在不動腰的情況下產生的能量比動腰產生的能量大，傳輸能量的速度也比動腰的速度快。

腰不應該隨意亂動，動要隨腳底的傳動而動，隨腿的傳動而動，若以腳、腿、腰三者而論，腰是第三動。或在「由下而上」的勁力旋升過程中，勁力是由腳→腳踝→小腿→膝窩→大腿→臀→腰逐次上升的話，腰為第七動，而不是第一動！

拳論中「由腳、而腿、而腰……」文句中「由腳」才是重點，若不是重點，前輩們何不直接用「腰為主宰，帶動四肢」的詞句？看問題要從整體下手，細密思考、小心求證。

貳、上盤的訓練（手部的訓練）

一、手部運作法

1. 升揚手上手法：

（1）思維：

如「升」旗飄「揚」而起的手與腳底連成一氣，可產生上下相隨、上下協調的功能，勁路暢通，又因勁力的傳遞是「由下而上」，既有後續補給力，還有合於放箭之流程，上手之際想要發勁的話，即可快速發勁。久練之餘，還可培養腳手協同作戰的能力和威力。也是「漏沉」功法（反射勁路圖）的前奏曲。

（2）運作流程：腳底板←腳踝←小腿←膝窩←大腿←臀←腰←背←夾脊←後肩←上臂←手肘←前臂←手腕←手掌。

（3）訓練步驟：

　　①手腳的配合：左腳右手、右腳左手、雙腳雙手（右腳右手，左腳左手）

　　②勁路分階訓練法：三階法、二階法、一階法。

（4）價值：是漏沉的基礎；面對對手採直拳攻擊時的接發手法之一。

2. 牽引手接發法：

（1）命名由來：在前後腳站立，雙手鬆垂於身體兩旁，由左後腳向下旋動後產生的動能，向前推移重心到右前腳，右手隨腳腿前移之勢被「牽動」而出（動作一）。接著再由右前腳向後推移重心到左後腳時，利用右前腳向後回收重心到左後腳的過程中產生的勁力，使右手被「引領」而起（動作二）。因此稱為「牽引手」。

（2）動作一之問題：勁力由後腳推到前腳，前腳以前 1/3 腳掌，點、踏大地（不宜全腳板落地）之際，雙手順勢向前盪出，將對手勁力引入腳底（接勁）。

（3）動作二之問題：前腳掌以「鑢向大地」的方式，使勁力由右前腳的前腳掌傳向後腳（後腳以立體三環轉旋接），並使向後腳回鑢之勁力，成為後腳發射勁力的勁源，且使雙手順勢旋翹而起（發勁）。

（4）價值：可在靜止、不受力情況下，進行發勁作為。

3. 左右迴旋手：

雙腳站立，假設重心落在左垂直腳下，提起右手在自然的高度，左腳以「垂直軸」訓練方式逆時鐘方向下旋，使勁力節節貫串而上傳輸到手，腳底繼續旋動並帶動右手向左旋動，訓練方式依序為左腳左旋◠手左旋◡→腳右旋◠手右旋◠→腳左旋◠手左旋◡→腳右旋◠手右旋◠，共四次，視為一組練習，可週而復始地重複練習（參見《細說陰陽相濟的太極拳》P.51 說明）。此操作法較適用於中盤之實務運作。

4. 原空位運作法：

身體位置和方向移動之瞬間，手掌或肘眼仍保持在身體移動前原來空間的位置不變，這種保持手勢在原空間位置不變的動作，簡稱為原空位。它關係著發勁的效果。

5. 節節貫串上手法：

（1）單臂之勁力在全手臂的傳輸過程中，要使①上臂內旋→②手肘外旋→③前臂內旋→④手腕外旋→⑤手掌內旋，往復折疊地向上旋升而起。

（2）雙手臂同時練，上盤練法稍為熟稔之後，轉為下盤練法。如：右腳帶右手練，左腳帶左手練，左腳帶右手練，右腳帶左手練。再接著由雙腳帶雙手練。

（3）最後雙手可隨時如揚鞭般、如鰻魚般由「中門」旋升而起，取向對手「中門」，則有既可保護自我「中門」，又可破對手「中門」的效能。

（4）亦是面對對手採直拳攻擊時的接發手法之一。

6. 「動作順暢」發勁法：將發勁時，須維持手勢的原狀態、原方向、原角度，不可讓肘或肩稍有下沉、旋動、夾緊的突變動作。

7. 手臂「放箭」法：由受力點向前催放勁力（見《細說 陰陽相濟的太極拳》P.126『發勁如放箭』之『箭』如何『放』？），或本書 P.127 之說明。

8. 以腳搭手法：搭手時，不是以手搭對手，係以腳帶手與對手相搭。

9. 水漂擲石法：上手後的肘眼高度，視為水面高度，在發勁過程中，肘眼高度不可沒入水中；肘眼視為石塊，以意催動肘眼向前、向上旋出。

10. 陽將盡須回陰，陰將盡須出陽：上手時含有「陽將盡須回陰」及接發勁時含有「陰將盡須出陽」之運作。

11. 大 S 形延展法：以手肘為中心，同時向後（向上臂外側下緣）、向前（前臂內側下緣）的ơ形運作法，此法與牽引手、升揚手合併運作則效果更好；大 S 形運作法，適用於上手過程中。（見圖 47）

12. 中 S 形延展法：以手肘為中心同時向前向後的ơ形運作（小於大 S 形的長度）。（見圖 49）

13. **小 S 形運作法**：即束狀勁路（螺旋勁）訓練法，適於短兵相接用。（見圖 48）

14. **點之陰陽處理法**：接搭「點」處之陰收陽放處理。

15. **虎口脫離法**：由虎口（部位）脫離，以逃離虎口（狀態、現象）。

16. **手肘開展法**：發勁時對手被拔根離手的剎那，手肘前後開展以生發射及追擊效果。

17. **曲中求直法**：勁力由虛擬空間直線通過。

18. **引進落空法**：以後退空間進行陰收的作為。

19. **引勁落空法**：不以空間的進退進行接化的作為。

20. **似接未接法**：與對手接觸點維持「若及若離」的狀態（稍大於對手來勁力道之陰的作為）。

21. **斷手接發法**：突然快速地切斷對手的來勁力道，使接點剎那劇烈落空，並快速出擊。（『斷手』見 P.161 說明）

22. **浮木飄起法**：以意使「全手臂」彷彿浮力相等地，由下飄浮而起。

23. **陽陰往還進逼法（對手不給勁力之接發法）**：腳底陰動形成的陽勁，先微微推向手部搭點，遇阻力即由搭點陰收於夾脊或腳底，對搭點而言係陽↑陰↓陽↑陰↓……，快速往還4至5次，鎖住對手夾脊即發勁。

24. **提刀上陣法**：在身前空間，假想雙手彷彿提把刀，邊上前邊呈現向上的弧形線，使劍尖對向對手的上手法。

25. **無形手上手法**：以「意」指引，上手之際延伸於手指前方約N尺的氣勁，鎖住「對手背後遠方打點」的練習。

26. **化鎖進打**：接點「化」加打點「鎖」加「進、打」，力求一氣呵成的接發手法。

二、手部的 S 形運作法

太極圖中間的S形，具有陰陽的組合特性，其特性有如電之陰陽極接通就會產生能量的物理現象一樣，因此S形運作的效果，如同與S形等長度的太極圖陰、陽區塊同時運作的效果（能量相等），也就是進行S形的運作，與S形等長度的陰、陽同時運作，其性質相同。即單獨進行S形的運作或單獨進行陰陽區塊組合的運作，都等同於陰陽的運作，且為「陰陽比值相等卻又同時反向運作之結構」蘊藏其中。

依此道理，移入手部的S形運作為中，將歷年來對於手部S形的開發、修正，確認有成效的三種運作法，依被開發的時間序列，分別介紹於下。

大 S 形，在研究「接勁由上臂接引入夾脊」的動作中開發出來的（約在 2004 年 7 月），隨後提列為單獨功法的訓練項目。大 S 形運作法（係對下列的中 S 形及小 S 形而論），求其陰（上臂）陽（前臂）同時、反向的比例相等地運作。此法熟稔之後，可將此運作方式隱藏在上手的過程中，從而形成一道防護網（有能量的關係），且與「牽引手」、「升揚手」併行，更顯其功效。

圖示：　前臂　⟲　○　⟳　上臂

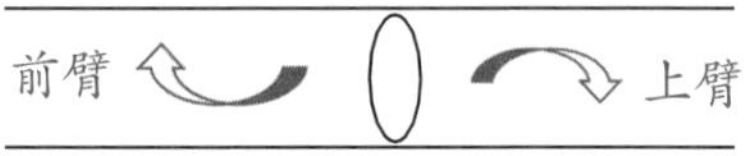

圖 47

小 S 形，在拳架起式的第二動過程中開發出來的 S 形運作法（約在 2006 年 12 月），此法也已提列為單獨功法的訓練項目，經 1！2！3！4！5！6！7！8！→1！2！3！4！5！6！→1！2！3！4！→1！2！→ 1！（見圖 50），前進中的正反向訓練，熟稔到 S 形能在勁路線中以 1！完成時，即形成強大的攻擊力，勁脆而速，適用於短兵相接時。

圖示：　前臂　⟲⟳　○　上臂

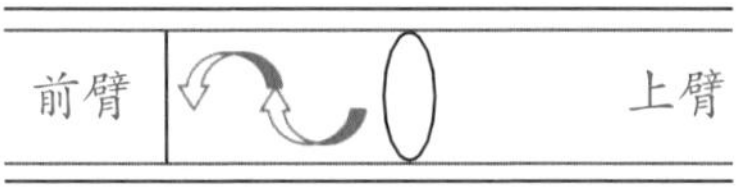

圖 48

中 S 形，於 2007 年 9 月最近開發出來的 S 形運作法，在上手過程中未形成大 S 形的準備，上手後又忘了小 S 形的運作準備（或尚未完成小 S 形的訓練），而對手之兵力已兵臨城下，再作種種變化都不可能時，可採此法。以手肘為中心，同時向前向後的ㄥ形運作（小於大 S 形的長度，前後各約兩英吋），即形成承受力與攻擊力，可化被動為主動，進而克敵致勝。

圖示：

圖 49

三、前臂軸心小 S 形練習法

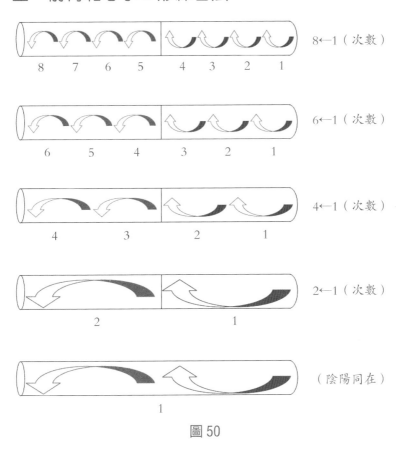

圖 50

前臂軸心小 S 形練習法，係在前手臂的肘眼到中指間的軸心線（約一隻手指的粗細）上，進行開發訓練的一種功法。

四、「曲中求直」與「氣宜直養而無害」的認識與比較

1.「曲中求直」：

　　勁力在曲折的空間，不以先下後上方式運作，係以「直線」地從虛擬空間通過，以達發勁的效果，有如兩山頭之間架設流籠，便於通行。

2.「氣宜直養而無害」：

　　不豎掌、不垂腕，不墜肘，以近似「直線」狀態上手、接手、發勁，使之便於氣、勁的傳輸。也可以說，近似「直」的狀態運作才有助於養氣，有「曲」就須求「直」。

五、手臂運轉法

1. 拳架「起式」時手臂三轉法

（1）旋轉方式（右手為例，由下而上的流程）

● 自然下垂的全手臂　　● 1 全手臂由外向內旋轉（逆時針）

圖 51

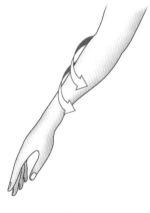

圖 52

● 2 之 1 肘眼至前臂中段由內向外旋轉為近乎水平（順時針）

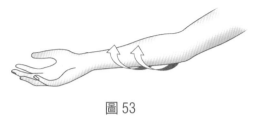

圖 53

● 2 之 2 前臂中段至腕部由外向內向上旋轉（逆時針）

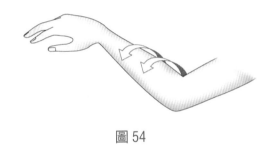

圖 54

（2）高度變化

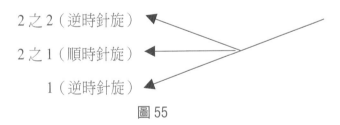

2 之 2（逆時針旋）

2 之 1（順時針旋）

1（逆時針旋）

圖 55

2. 接戰時手臂二轉法

（1）純為手臂運作法

● 全手臂由內向外旋至水平位置。

● 與對手相接搭之際前臂中段至腕部由外向內向上旋。

（2）與腿腳、足弓合併運作法

- 第一轉以「立體三環轉」的旋動力，帶動全手臂由內向外旋至水平位置。
- 第二轉以足弓旋入大地（動力起於第一轉）後的大地回饋勁力，帶動前臂中段由外向內向上旋動。

　　手臂二轉法先與腿腳、足弓合併運作法，再與「小S形練習法」合併練習。他日第一轉、第二轉、「立體三環轉」、足弓入大地等作為，力求不中斷地一氣呵成，則承接力，防護力及勁射力，均極強大！

六、夾脊及手肘的訓練

1. 夾脊的訓練

　　夾脊是身軀與手臂的連結關卡，凡為手臂升平、揚起或浮起時，勁力先由夾脊通過，然後由上臂下緣將全手臂抽回，斜插入夾脊，使成為由手到腳連成一條完整的勁路線，則有利於接發勁的發揮。

2. 手肘的訓練

　　手肘是上臂與前臂的連結關卡，上臂先向後抽旋斜插入夾脊（此時正好給予手肘開展的空間，即手肘必須開展之原因），勁力會由夾脊循已開展的手肘空間回送給前臂。

手肘（含肘眼）的運作法約可分為以下 10 種：

（1）水漂擲石法（肘眼）。

（2）肘（肘眼）、腳上下相隨法。

（3）肘窩、腳踝、腳底板之三環轉。

（4）旋肘（肘眼）運作法。

（5）前臂小Ｓ形運作法（肘眼起動）。

（6）大Ｓ形運作法（肘窩或肘彎起動）。

（7）中Ｓ形運作法（肘窩或肘彎起動）。

（8）手肘（肘窩或肘彎）開展法。

（9）盤架中，留意Ｓ形及肘眼的運轉問題。

（10）雙方接手後，我方欲向前移位或發勁時，必需面對，在短暫而連續的前進中，由原接點處將與對方連續衝擊擠壓的勁力，引到肘窩的運作問題。

七、形乎手指

張三丰太極拳拳經提出「其根在腳，發於腿，主宰於腰，形乎手指」的經典文句，其中「其根在腳，發於腿，主宰於腰……」的部份，在我的《陰陽相濟的太極拳》及《細說 陰陽相濟的太極拳》兩本著作中，已有相當程度的闡釋，未呈現的是「……形乎手指」的部分。如今「形乎手指」已續有突破，其運作方式在以下的說解中逐一說明。

首先由「無形手」的上手方式中，培養意透手指帶引前方數尺無形手飄揚而起，而成五指微張似的自然手勢，且在手勢到達定位高度之際，有「意透對手背後遠方打點」的意念及「陽將盡須回陰」的操作在其間。

接著是「肘眼」與「手腕」的互旋訓練，以右手為例，使肘眼向前向左上微旋到垂肘（非墜肘，係肘眼與地面成垂直線之意）的位置，同步，腕部內側順勢形成向左向下旋轉

（肘眼與手腕之間如 S 形的旋動），此項訓練流程與前述「由『S 形延展手』談起」的訓練流程相同，初為手帶動，繼為夾脊帶動，再繼為腳底帶動。

　　再接著，在肘眼向前向左上微旋到垂肘位置的過程中，旋動的路線係在前臂骨骼間似有一束旋動軸，節節貫串地向腕部左下方旋出之瞬間，勁力在腕部稍作歇息（約 0.1秒），隨即將勁力通過手掌、勞宮送到四指指腹（拇指除外），由四指指腹勁射而出。

　　通常在對手以勁力侵入我人前臂部位的情況下，以肘眼與夾脊相聯繫，將勁力先接入夾脊，接著由夾脊之力推送肘眼及腕部後，將勁力由手掌下潛行至四指指腹的方式運作。接勁能力提升到可以肘眼與腳底相聯繫之日，則將對手之勁力接入腳底，然後由腳底之勁力推送肘眼及腕部後，將勁力由手掌下潛行至四指指腹的方式發勁。

　　經相當時日的訓練，手臂能與腳底相聯繫，或各接點都能與腳底相聯繫，上下勁路線有效接通，「形乎手指」的勁力來源明確，接勁時「指」向對手背後遠方打點，發勁時以「指」領軍，並配以陰陽對走的運作方式在其中，勁射對手背後遠方打點，更顯威力。

第五章　身體運作之奇妙空間

壹、人們動作的習性

在太極拳的領域裡，雖然有「粘黏連隨」、「不丟、不頂、不抗」、「捨己從人」、「引進落空」、「化勁」等要求，但用力，純陽出，腳底的旋動為單環轉，以腰帶動四肢，接勁時屈膝鬆腰落胯、發勁時膝蓋前凸、手出，手肘下墜，或一往直前地向前推、衝、發，都是司空見慣的景象，無奇妙可言。

貳、奇妙現象存在的空間

在我對太極拳及太極勁法的研發歲月中，越過以上人們動作習性後，經常發現很奇妙的現象。這些奇妙的現象分別存在於理念的調整、實務現象的觀察、身體運作部位的開發，或在實作中體驗到的等等，以下就這些奇妙現象，分別介紹於下。

一、 理念的調整

1.陰陽對走

觀察太極圖，初看太極圖是陰陽對走的圖示，細看更具有「陰陽比值相等卻又同時反向運作之結構」，轉化為實作

而為第一章、參、陰陽的動作所示之箭頭標示法、積木標示法、等比運作法、遞增運作法，及發勁後持續運作法，種種陰陽對走的圖示。

太極不是實為滿、虛為空，陰陽比值不相等的「虛實分清」，而是「陰陽比值相等卻又同時反向操作之結構」的心得，從而提出「陰陽相濟的太極拳」之見解。

2. 雙腳萬能

除了被稱為「雙手萬能」的雙手之外，負責承載全身重量，移動身軀，可跑、可跳的雙腳當然也可以稱之為「雙腳萬能」而無愧。

雙腳都是我人的愛腳，不僅不能偏取其一，也不可偏廢其一，且又可互動互補，產生組合功能。有如太極圖上的陰陽大小均等，組合在一起可形成能量一樣。

將此理念運行於太極拳實務上，既修正了一般人對於「虛實分清」的誤解，又產生了「雙重為美、雙動是寶」操作內涵的創見。此操作內涵的創見在實務上所形成的組合力，勁力強大，勁向均整。

3. 萬物「負陰而抱陽」的內涵

背面作陰，則陽生於正面。因此，與對手相向、相搭或動手之際，不要由正面作陰；念茲在茲的是一舉手一投足之間，勁力皆先由「背」面陰下入足弓，會由足弓經身體前方，經腿直、身直（挺胸抬頭、虛靈頂勁）、手直，形成「三直發勁法」的效果，再由「三直發勁法」進入「前後發勁法」的境界。

4.「挺胸抬頭」與「含胸拔背」之太極圖運轉方向之比較

「負陰而抱陽」前提下的太極圖運轉方向，為背部陰沉，正面陽升，是由身體後方轉向前方之◡走向（人體正面方向為←方），與挺胸抬頭之太極圖運轉方向完全一樣，也就是說挺胸抬頭之運作方式，與負陰而抱陽的道理相契合。

含胸拔背之太極圖運轉方向，為正面陰沉，背面陽升，是由身體前方轉向後方之◡走向，與負陰而抱陽的道理不吻合。

因此，萬物負陰而抱陽的道理若是對的話，則挺胸抬頭的思維也應該是對的；而含胸拔背的思維則有須探討的問題（正面陰接的作為與『萬物負陰而抱陽』之理不相容）。

5.「意」的奧妙

在太極拳中最常聽到的一句話：「用意不用力」，「不用力」在此不作陳述，僅以「用意」而論，除了太極拳提到「意」之外，形意拳或心意拳都有提到「意」的問題，可見「意」的運行能力是成就功夫很重要的一個環節。

「意」的操作範圍很廣，例如：如何運行拳架、如何上手、如何接戰（如：後發先至？先發先至？）、仁道或霸道的接戰思維，或文字的順序等等都與「意」有關，不過本主題僅以「文字」的探討為主，就以下兩邊的排列順序為例，希望各位不妨試著從實際操作中比較其優劣，並體驗其奧妙（奇妙現象存在於文字的排列順序上）。

（1）陽陰——陰陽

（2）上下——下上

（3）前後——後前

（4）上下相隨——下上相隨

（5）上下、前後、左右——下上、後前、右左

（6）上下、前後、左右——下上、右左、後前

（7）上中下三盤齊發—— 下中上三盤齊發

6. 太極圖新思維

內容與第三章 柒、太極圖新思維中「陰將盡須出陽，陽將盡須回陰」內容相同。

7. 溝渠灌溉理論

內容與第三章 捌、溝渠灌溉理論 相同。

二、 實務現象的觀察

1. 反撐力

傳統的小舟（小船）前進或後退時，由船夫以撐竿插入河床向後方（使船前進）或向前方（使船後退）施力，所產生的反撐力使船向前或向後行進，這是大家熟悉的畫面。

由此畫面推理，撐竿插入河床有如「陰」沉，所產生的反撐力有如「陽」升，既提示我人「陰沉陽升」的太極關係，又提示我人「陰陽」的運作是矛盾對立而統一的反向關係。同理，在太極勁法的實務上，前後對走、上下對走、左右對走的運作方式，先將來勁接入腳底，再由腳底接地力向上發勁的處理，或發勁時其形態為發勁者←→被發者，都如同以撐竿撐船的反撐力道理。

2. 發勁如放箭

我們知道要能將箭射出去，絕對離不開弓，拉弓才能射箭。當箭搭於弓弦上，將弦放開後箭即急速飛出，可看到或想像到的是箭頭帶著箭身、箭尾快速前進，這是很自然又很習慣的看法，而有了「發勁如放箭，擊敵如迅雷不及掩耳」的拳論。

不過，箭所以會被射出去，其起動源頭並不在箭簇（箭頭），而是在羽翼部分（箭尾）。整枝箭是由弓弦的彈性力放射出去的，其力道的傳遞最先透過箭尾羽翼部分，接著傳到箭身，最後再傳到箭頭。因此以流程看，應該是如下圖的表示 ①　②　③ ，箭尾先動的。如同砲彈底座下的底火被撞針撞擊後而擊出彈頭，砲彈在砲管內「內動外不動」地奔馳，是一樣的道理。而不是 ①　① 或 ③　②　① 的走法。

在以上的事理分析中，很清楚地知道「先透過箭尾羽翼部分，接著傳到箭身，最後再傳到箭頭」合乎自然現象的思維。起動點遠離對手接搭點處，對手想要「聽」到的時機延後，當強大勁力傳輸到對手能聽到的時候再想反應，幾乎已來不及，而克敵致勝！

此外，拉弓瞄向靶心之後，在放箭之前，通常都有一個再向後拉，使弓及絃再度繃緊而後放的作為，是一個非常重要的必須而自然的作為，有如拳經拳論所謂的「引進落空」的「引進」，從陰陽的立場看，這一「再向後拉」，就是「陰陽」作為之前的「陰」，使對手再落空一下，隨即「陽」出，這關係著發勁效果，願讀者多思考、多驗證。

3. 漏沉

由於「鬆沉」是依循「沉肩垂肘、含胸拔背、虛靈頂勁、氣沉丹田、鬆腰胯、分虛實」太極拳學習要點「由上而下」運作的路線進行的，不幸的是此路線具有瑕疵性（有如無出水口的水管，無法宣洩排水），以及屈膝的關係，勁折於膝蓋，以至鬆沉效果不彰。

觀察沙漏「由下而上」的漏沉道理，是解決沉化的最好方法（漏沉，有如無杯底的杯子，如何能裝滿水？），加上由人體上找到可滿足此道理的部位及運作方式，歷經檢測而確立其地位。如今「漏沉」不僅已解決了人體的沉化勁力的問題，同時更開發出「反射勁路圖」的奇妙運作效果。

4. S形的運作

除與第一章「S形曲線的特質」內容相同之外，更有手臂的「S形結構」，身體的「S形基本功法」及「S形拳架」等之認識與開發。

三、身體運作部位的開發

1. 膝窩的運作

膝窩位在膝蓋後方，常人少對它寄予關懷，多居於不醒目的地位，如今個人有幸發現它的價值，且能有效運作，進而發揮意想不到的功效，今以三例介紹於下。

後腳底之勁力先傳送至膝窩，再以膝窩推送膝蓋，在推移到前腳的定位腳的過程中，勁力係由膝窩送入前腳底，對手幾乎都要被拔根。

在向後腳推移的過程中，勁力係由膝窩向足弓成弧形路線，邊推移邊由膝窩經小腿肚送入足弓，直到定位腳位置為止的過程中每一剎那，都有承受攻擊並作反擊的能力。

再以右前腳為例，在腿部右側向右後方旋轉進行自轉之際，後側膝窩帶動大小腿同時向左前方圓轉而出，則右腿既有穩定力，又有強勁的出擊力。

總而言之，善用膝窩，比起膝蓋的運作會有過之而無不及的好處。

2. 雙環轉

「雙環轉」（太極腳 → 見註）是指腳與腳踝同時旋動的運作方式，全腳板有均勻貼實的明顯感覺，穩定度提升，旋動中不易翻腳，且有增強勁力的效果。

在進行腳底陰之作為時，以腳與腳踝的雙環轉方式向下旋轉，使產生上升的陽能向另一腳推移，另一腳一樣以腳與腳踝的雙環轉方式接引入大地，待大地回饋以可用之陽能，通過腳與腳踝部位，可上升為拳架運行之動力或發勁之能量。

註：本人所提出的「太極腳」，事實上與太極圖騰是相同的結構，鳥瞰，除了左右兩方有陰陽的有前有後的同時旋動之外，中間更有一個 S 形曲線，組合而成的太極圖（參見本書圖 14、15 或《細說　陰陽相濟的太極拳》P.39 ~ P.40 之圖示），與祝大彤先生所強調注重「腳」之思維的「太極腳」，其內涵並不相同。

3. 立體三環轉

「立體三環轉」是指腳、踝及膝窩三者同時運作下，形成勁力上升到大腿外側之結構狀態，小腿及大腿有如擰毛巾狀，上下相互擰轉產生能量的效果。能量比「雙環轉」還大，勁力可伸展到大腿以上。

由於「立體三環轉」的操作方式，不須屈膝的關係，使腿部膝蓋負荷減小，不致負擔過重，可能引起膝蓋不適的問題。還可以減少多餘動作，隱藏上下曲伸的身形體相，而生動作順暢，破敵速度加快的效果。

移位時以全腿螺旋柱狀向另一腳推移，另一腳（以右前腳為例）順來勢，一樣以膝窩、腳踝、腳的立體三環轉方式，接引入大地，並使右前腳在向下旋動接引之際，跟著產生由下而上的勁力，使右大腿外側有不斷上升的感覺。此不斷上升的勁力即為拳架運行之動力，或發勁之能量。

4. 如太極圖之圓盤轉法

旋動太極圖時，可看到「陰」向上旋動的同時，「陽」同步向下旋動；「陰」向前旋動的同時，「陽」同步向後旋動；「陰」向左旋動的同時，「陽」同步向右旋動。上下、前後、左右相互呼應，且為弧度、能量、速度、長度相等，均衡地運行。將此特質轉到人體的運作，例如：雙手臂先平舉於胸前，當右手臂向左旋的同時，左手臂同步向右旋動；身體向後回撐的同時，雙手臂向前旋出；雙腳底向下旋動的同時，雙手臂向上出勁，都可得到不錯的效果，其中尤以下、上、右、左、後、前，六向合而為一的組合力，其爆炸似的威力更是驚人。

四、實作中體驗到的

1. 定位腳的到位問題

　　人們常在身體向後移位到定位腳的過程中，潛意識裡怯於與對手交手時，承受力的不濟，穩定度的失衡，往往未能完全到位（約略會差一、二成），以致大部分勁力並未沉入腳底，多掛在半空中的身上，身體較為前傾僵硬，當對手來力時多所抵抗，容易發生頂牛的情況。

　　殊不知，若再移位一、二成到真正的定位腳位置，則所有勁力（或重力）能全部沉入腳底，既有入樺的效果，又能引動地力形成大地回饋的能量，此能量會由腳底上升到夾脊，經雙臂奇妙地滲透進對手體內，把對手發放出去。

　　此發勁能量非我人刻意強求的，完全是我人依動作要領循序運行「到位」後自然發生的，希望大家，今後要在每一項「到位」的要求上多用心體會。

　　「到位」的問題，除了移位到定位腳的情況外，夾脊的入樺到位，發勁時的「手肘開展」，發勁時發勁者向後位移（非刻意後移，係因腳底的反撐力，或如發射炮彈時所形成的後座力，將身體向後撐出去的）其形態為發勁者←→被發者，向前移位到入樺點時，或在肢體上形成「陰陽比值相等卻又同時反向操作之結構」的那一個結構體（如：手臂的三種 S 形運作法），都有所謂的「到位」問題，祇要「到位」的出現，都一樣有此奇妙現象的發生。所以我常對學生說：「不管對手的身材，體重、技法等，先講求自我該作的，是否作對、作好、作到位？！」

2. 五陰五陽稱妙手之「妙」

　　五陰五陽稱妙手之「妙」字，簡單來說，可說是一個結束語所用的形容詞。但若以「打破沙鍋問到底」方式來看，那到底「妙」在那裡？這個「妙」字可以隨便給的嗎？為何不用在別句上？是否可以解讀？

　　依我個人的心得，第一：從陳鑫所提「一陰九陽根頭棍……五陰五陽稱妙手」，祇有「五陰五陽稱妙手」，其他都不妙！因為五陰五陽就是太極圖的圖示，在陰陽各為一半的組合運作會產生能量，所以很「妙」。

　　第二：因太極圖具有「陰陽比值相等卻又同時反向操作之結構」的特質，依循五陰五陽的運作道理，會產生動作與時間的「矛盾對立而統一」激發發勁勁力的效果，所以很「妙」。

　　第三：在五陰五陽的結構下，會取得動作的優美與平衡（如：體操動作中左右手之反向運作，所形成的美姿與均衡感），所以很「妙」。總之，「五陰五陽稱妙手」有其「妙」的道理！

3. 地力的借用

　　每當腳底向地表下不斷穿旋之際（不可大力進行，係以1/N，1/N地向下旋動），稍耐片刻，會漸漸感覺到大地回饋的地力，帶著旋動的力量循足弓、腳踝旋升而上（與持續陰的作為有關，若陰的作為中斷，則循足弓、腳踝旋升而上的勁力即中斷），有如一顆炮彈的感覺，隨即以「意」導引經實體空間或虛擬空間發向對手，對手無不中彈（被發出）！

本章題目別具特色，介紹的內容，是我的太極勁法不斷突破某些拳經、拳論論點的泉源（參見『拳經、拳論的研修』），以及理念的調整、實務現象的觀察、身體運作部位的開發，或在實作中體驗到的等等，都是我曾經走過的路，還會繼續走下去的路。

　　這些內容並非我發現的全部，謹作為代表而已，有的存在於「拳經、拳論的研修」論辨（討論、辨識之意，不是為『辯』而論）中，所發現的奇妙現象，不僅是我生命歲月投入在太極勁法上智慧、肢體運作的產出，更具有拋磚引玉的目的。

　　願對於太極勁法有同好的朋友們，能在每一舉手投足之動作上，多以「外觀」及「內視」的方式，細細品味當下個中的道理、感覺、新發現或該修正的部份，以成就自己，造福世人。

第六章　綜合性訓練、拳架的運行
（中級訓練階段）

中級訓練是腳、手上下相隨的綜合性訓練，拳架的運行，接發勁的練習（這三部分總和的量相當大，所以分為兩章來敘述，接發勁的練習列為第七章），在符合「陰陽比值相等同時反向運作之結構」下，融會貫通的整體性訓練。

壹、腳、身、手上下相隨的綜合訓練

一、腳帶手、腳接手、腳發手的訓練

凡有動手皆由腳先向大地下旋，形成勁力帶起全手臂，當手臂感應到對手勁力時，即由腳底抽接手臂接點上之勁力於腳底，隨即由腳底將勁力向手臂上之接點發勁。多做練習，以求熟稔。

二、原空位的訓練

身體位置和方向移動時，手掌或肘頭仍保持在身體移動前原來空間的位置不變，這種保持手勢在原空間位置不變的動作，簡稱為原空位。原空位的操作能力關係者接發勁，及邁入高級境界的效果。

三、「化、鎖、進、打」的訓練

由「接發化打」這四個字來看，可知「化」與接勁、發勁之間有很大的關聯性，化解來勁力道的能力是接發勁前提，但若祇會「化」卻沒「鎖」敵的運作能力（是用勁鎖，不是用手鎖，也不是用力鎖），對手有脫逃的機會，因此既要有「化」的能力，還要有「鎖」的能力。（『化』、『鎖』的運作，留待『接發勁的練習』中另加說明）

接著同步還要對打點有「進」與「打」的作為，前述的「化」、「鎖」才有其價值，進而將「化、鎖、進、打」訓練到能一氣呵成的地步，始可言用。

四、關節部位的鬆開訓練（對拉拔長）

手臂、腿部及身軀的各關節、部位，能使之伸張鬆開，不但使練拳的外形舒展、漂亮，而且自身的感覺也會舒服。透過各個關節部位的對拉拔長訓練，有助於血脈經絡的通順，氣血的流暢。不僅練拳時會有舒服感，更可形成勁力。

由對拉拔長所形成的勁力不容小覷，武術中有這麼一句話：「不怕力大一石，祇怕筋長一分」，可見拔長有其重要性，而我的「前後發射法」也與「對拉拔長」有直接的關係。

對拉拔長的運作方式可分為兩種，一種是徒手體操運動員、田徑選手等拉筋撇腿、伸展筋骨的訓練方式，另一種是指以意識帶引，由後向前（手臂），由下而上（腿、身）逐級延展各關節部位的對拉拔長訓練方式。本書所提的對拔拉長指的是後一種。

五、鬆沉的認識

　　「鬆沉」者是「由上而下」的下沉，惟此法的前提需腳下要有出水口才行，但事實上，以「鬆沉」方式進行的訓練，不論屈膝程度與否，最多祇能將勁力落在地表面而已，無法達到沉入大地的效果。

六、漏沉的認識、訓練與功能

　　「漏沉」者是「由下而上」的下沉入大地之下，依序漏沉垂直腳的腳底板、腳踝、小腿、膝窩、大腿、臀、腰、背、夾脊、肩、上臂、手肘、前臂、腕、手的訓練，其訓練方式與前面的反射勁路圖訓練方式相同（參見本書 P.94）。

　　習之日久，各部位關節漏沉到那裡，陽勁就長到那裡。陰陽相生相長。「陰陽同出」，「陰陽同在」、「通體透空」等現象很真實地顯現出來，接手之際即有「引勁落空」效能隱含其中。

七、「往復須有折疊，進退須有轉換」的認識　與訓練

1. 往復須有折疊

　　「往復須有折疊」是指勁力方向的轉化，例如：欲前先後，欲左先右，欲上先下。當我們在完成一個動作後，要開始下一個動作時，往往出現方向的改變，此時我們在前一個動作到達盡頭時，利用餘勢再循原路轉一個圓轉接下一動作，就產生了不同的效果，不僅能欺敵，還能克敵！

「折疊」的運作空間及機會非常多，如：左腳在後，右腳在前之下盤4動法訓練時，右前腳之第3動，腳底及腳踝為右旋入大地，接著第4動時，腳底及腳踝轉為向左旋出之運作方式（由右旋轉為左旋），或拳架運行時，右掤手轉為捋手時，由右前腳以順時針方式旋向左後腳，同時引動左後腳成順時針方式旋轉，當左後腳到達定位之際，左後腳即以逆時針方式向左旋出捋手（左腳由順時針方向轉為逆時針方向），即為「折疊」。

2.進退須有轉換

「進退須有轉換」是說，進退之間須有陰陽或虛實的轉換之意。一般情況下之「進退須有轉換」，多為一腳漸實、一腳漸虛的加減法，或一腳由陰轉陽、一腳由陽轉陰的運作方式。至於我的「進退須有轉換」，兩腳是以純加法運作（參見本書 第二章 陸 移位 的介紹），各單腳都有陰陽之操作，雙腳之間又有陰下陽上及陽上陰下的運作，形成無數太極結構的轉換。

八、「一動無有不動」的內涵及訓練

「一動無有不動」者既不是祇有一動，卻又要無所不動之意，不簡單！我的訓練方式是先由腳的系統練起，接著手臂系統的練習，接著腳、手的合併練習，接著腳、手、身軀的綜合練習，再接著全身與心意的合併練習，逐漸擴充不同系統的連接性，最後成為周身一體的整體性運作。

以上文句明者自明，不明者彷如天書，因此借助近乎實例的方式再加一些補充。例如：垂直軸訓練，達到 1！可帶動 10 個關節部位；六次的立體三環轉，可帶動膝窩、小腿、腳踝、腳底板六次的運作；手的大 S 形，可帶動前臂、上臂、夾脊的組合；手臂的「節節貫串法」，可帶動上臂、手肘、前臂、手腕、手掌的訓練；右手接發勁時，左手的互動互補；一處接點視同全身都是接點；下、上、左、右、後、前的六向組合法；雙腳底、雙手、雙夾脊、意透打點的心意，七點對向打點的發勁法等等，都是走向「一動無有不動」的道路，有朝一日就在「1！」念之間，勁發人飛矣！

九、「動作順暢」之研究

在《細說 陰陽相濟的太極拳》P.118～P.125，張三丰太極拳經提到「其根在腳，發於腿，主宰於腰，形於手指，由腳而腿，而腰，總須完整一氣」的內容。這段文句除了敘述勁路的流程之外，更告訴我們要注意「由腳而腿，而腰，而形於手指，總須完整一氣」的問題，也就是講求「下上協調」的重要性、整體性與功能性。

要「完整」必須「順暢」，能「順暢」才能實現「完整」。

動作祇要有斷續、突變就不可能順暢，不順暢當然也不可能完整，這是很明白的道理。

該文對於下盤「腳」的部分；下盤「腳踝」的部分；下盤「腿」的第一部分，「鬆沉」的問題；下盤「腿」的第二部分「前腿膝蓋」的問題；下盤「腿」的第三部分，「小腿與大腿」的相聯互補性問題；中盤「臀」的部分、中盤

「腰」的部分；上盤「肩」的部分；上盤「手」的第一部分，「上手」的問題；上盤「手」的第二部分，「姿勢、方向、角度」的問題等，有詳細的說明。

身體動作一舉手一投足間不使有斷續、不使有突變、不使有局部，由下而上節節貫串、完整順暢地運作，則可生動作快速、體力節省以及能量增大的效果。

十、接手問題面面觀

雙方對陣之際，不論被動的接或主動的搭，由手部的接觸開始幾乎是不變的現象，因此，手部或身體如何與對手接觸是你我必須面對的課題，不容輕忽。

1. 接手前

兩人對練時，以腳帶手，上手中含「無形手」，手將到定位時須有「陽將盡須回陰」的作為。到定位時，腳手之間，還要有連續陰下陽上的「太極之體」的建構。

應敵時，先審敵以決定應輕或應重的「太極之體」的建構，提刀上陣地護自我中門，取對手中門或以「牽引手」、「升揚手」及「S形延展手」的組合，意鎖對手背後遠方打點，以及「小S形」的手法備戰。

2. 接手時

以「引進落空」法之粘黏連隨法、似接非接法或斷手技法，三法視情況擇一運作；或以不作空間進退的「引勁落空」法接化來勁力道；由肘腳相隨接勁；由夾脊接勁；由腳底接（腳接手）勁；甚至於接勁中含鎖勁（鎖在對手背後或背後遠方打點）的方式接手。

3. 發勁時

起身前進之際，接點處「原空位」的維持；在短暫而連續前進中，由原接點處將與對方連續衝擊擠壓的勁力，引到肘彎或夾脊，並與由腳底旋升而上的勁力會合於夾脊，提供出擊所須之能量需求；出擊之能量，以滲透式、漸進式進行，不使對手清楚感覺我方之來勁力道；出擊時全手臂以五次或十次的勻稱節奏發放（含手肘開展）；以發勁如放箭的方式放勁；以湧泉冒出泉水的方式，從湧泉口持續發勁；以及同一時間上下、左右、前後的六合；形成多元組合、一氣呵成的方式發勁，都是可行之法。

貳、拳架的運行

一、盤架子時應注意的事項

1. 腳底向下穿旋開始（有陰才有陽），也就是說，有陽出的同時一定要有陰收之作為。
2. 腳、腿以「雙環轉」（初階）或「立體三環轉」（中階、高階）運作。
3. 用反向腳推移（反者道之動），即向前推移用後腳啟動，向後推從前腳推回來。
4. 移位時，身體和步動之關係，要「身隨步動」，不可「步隨身動」。
5. 移位時兩腿之間，宜用下述①或②之運動方式，不宜用③之運動方式。

① 若為由左後腳向右前腳移位時，右前腳不可隨左後腳的推移同時向前，而是需向後回扣（4動法的第二動）；向後移位時，則為後腳向前回扣。

② 向前移位時，當前腳的膝窩感受到後腳的來力，即由膝窩引入前腳底繼續移向前腳的定位點。若向後移位，當後腳的膝窩感受到前腳的來力，即由後腳膝窩以弧形方式一路引入腳底，並繼續移向後腳的定位點。

③ 左後腳向右前腳移位時，右前腳隨左後腳的推移同時向前，或右前腳向左後腳移位時，左後腳隨右前腳同時向後推移。

6. 移位到定位腳時，重心務必確實落在垂直軸上。

7. 若左腳為軸心向左旋動時，被動腳（右腳）不可使力，其旋動係由左腳的旋動力帶動，旋動中右腳全腳底板不可離地，腳底與地面要有強大的摩擦、阻滯的感覺。

8. 任何一個橫跨、前伸、側點等的單一腳個別作為時，均不可牽動或破壞另一腳原垂直軸的原空間位置。

9. 除了「起式」近於豎掌的手型及「白鶴亮翅」之外，所有招式定式時之腕部都不超過肩膀（氣才不至上浮）。

10. 盤架的速度要均勻。

11. 腳底之勁力未傳到手臂時（實體空間或虛擬空間均可），手臂不可有作為。

12. 每一動作，力求「陰」、「陽」結構的呈現（陰陽比值相等卻又同時反向運作之結構）。

二、拳架的研習、進階與實用

以「雙環轉」、「立體三環轉」及「S形基本功法」運作的進階分為以下四階段：

第一階，起動由「雙環轉」開始，向前由後腳推出，向後由前腳推回（膝蓋盡量少彎，微屈即可）。以腳踝圓動的方式運行，並求招式的了解與熟稔；速度要均勻，勁由腳起。練到行雲流水似的運行方式。

第二階，以「立體三環轉」為基礎，運行中，向前由後腳全腿柱旋出（前腳相對地也有旋動），向後由前腳全腿柱旋出（後腳會有對應的旋動），一腳旋出（旋起勁力），另一腳則被推移產生下旋的勁力。進而由下升起形成拳架的勁力。除了可以行雲流水似的運行之外，拳架運行中還可隨時、隨處地接勁、發勁。

第三階，手上招式不變，將S形的基本練習法（見下面四、S形基本功法的練習），套入拳架中運行。雙腳以S形的運行方式帶動身軀，勁力由下旋升而上，帶手形成手勢。除了可以行雲流水似的運行之外，拳架運行中還可隨時、隨處地接勁、發勁。

第四階，經以上途徑，日積月累的磨練，涵養出內在完美的結構、有了接勁的承受力與發勁的能量後，漸漸放下所有的形架，走向無招、無式、無形、無相，由無練到有，再由有練到無的思維路線，雙腳可在原地不作位移，即能快速地（約 0.5 秒鐘以內）以單腳陰陽上下對走，雙腳陰陽同出或將S形的雙腳四動運行完成，達到接發勁的效果。

三、S 形基本功法的練習

　　S 形的基本功法，根基於「立體三環轉」構成螺旋腿柱的基礎上，以雙腿螺旋腿柱相互運作的。在此謹以「左腳移到右腳」為例簡單介紹，至於「左後腳移到右前腳」、「右腳移到左腳」、「右前腳移到左後腳」的詳細圖示及說明，請參閱《細說 陰陽相濟的太極拳》第四章。

1. 左腳移到右腳

第一動：左垂直腳腳底板向左後方逆時鐘方向◡下旋，左腳的內側腳腳踝同步向右前方逆時鐘方向◠下旋，左腿膝窩亦為逆時鐘方向◠下旋，腳底板、腳踝及膝窩同時以「立體三環轉」方式旋動。勁力逐漸上升到大腿成為螺旋腿柱，以此勁力向右腳方向準備移出。（見 S 形腳底運行圖 56 之①及圖 57）

第二動：左腳螺旋腿柱向雙腳中間斜向◡移出，此時，右腳的腳底板以逆時鐘◠方向，右腳踝內側以逆時鐘◡方向、右腿膝窩以逆時鐘◡方向，同時以「立體三環轉」回應，跟著成為螺旋腿柱，右腿以◠向雙腳中間等量、等速度地旋動，雙腳成◡對旋狀態，右腳與左腳對應擠壓能量於雙腳中間，並將擠壓的能量穿入雙腳底（陰），同時上升於背、脊。（見 S 形腳底運行圖 56 之②及圖 58）

第三動：右腳螺旋腿柱向右以◠方式旋移向右腳，身體重心隨之移到右腳使成為垂直腳，勁力送入右腳底。身

體保持微向 ↖ 的左斜面，雖未全部轉正，但左腳已可輕鬆提起為正確。

（見 S 形腳底運行圖 56 之③及圖 59）

第四動：由前送入右腳底旋動後反旋上升的能量，以類似關門的方式，右腳軸心有如固定在牆與門之間的鉸鏈，軸心垂直旋轉，肩與胯不偏離原軸心的情況下，使身體向 ◡ 平面旋正。同時上升到臀、腰的能量橫移向左邊身體，順勢使左肩、左腰、左腿，如關門狀 ↺ 向右腳關旋，並將左肩、左腰、左腿關旋過來的能量，旋落入右腳底，成為下一個 S 形由右腳移向左腳的第一動動能。

（見 S 形腳底運行圖 56 之④及圖 60）

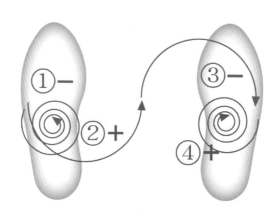

圖 56　S 形腳底運行圖

※①(代表左腳向下的旋動（陰沉）②代表向右的旋移（陽出）③代表右腳陰收④代表右腳由腳底向腿部旋升陽勁，使成為盤架、移位或發勁之能量。

【左腳移到右腳之身體運行圖】

圖 57

圖 58

圖 59

圖 60

第六章 綜合性訓練、拳架的運行（中級訓練階段）

四、S 形的拳架

　　係以 S 形的基本功法植入拳架運行中之盤架法，以 S 形方式盤架，具有陰陽組合產生能量的特性之外，且可消除兩者間直來直往情況下有限空間的問題，可破解對方的勁向及身體結構，可培養雙腳相互呼應的能力等優點，是別具特色的一種盤架法。

　　其招式名稱及運行方法，請參閱《細說 陰陽相濟的太極拳》第四章的說明。

第七章　接發勁的練習
（中級訓練階段）

接發勁的練習，計有十二項接戰思維、二十二項接發勁的訓練、發勁的圖示以及速度訓練等題綱及細項問題的探討，不僅內容豐富，更是教材的一部分。

壹、接戰思維

一、不使敵人越雷池一步

國防的領域有領空、領海及領土，不使敵人越雷池一步，才可確保安全。同理任何接搭點處都應視為作戰點，接點不進不退地以「同時同空」的原則，進行接發勁的處理。不過這種思維的實現，先決條件，是任何接搭點處須有承受及接化的處理能力，做為後盾才行。

這個部分經「手部運作法」、「引勁落空」、「化鎖進打」及「點處理」等的有效訓練。上手之際多元組合，就自然形成防護網，不必經「避實擊虛」的過程，即可在原空間接放對手。

二、戰敵於千里之外

最好的戰爭方式，是不要讓戰場設在自家院子裡，美

國是最典型的例子。兩次大戰除了珍珠港被偷襲之外，戰場都在他國境內，本國境內則可大事生產發戰爭財，以及美國車子的前後保險桿都特別堅實厚重，有狀況時由保險桿的承受使危機降到最低，有效保障乘客的安全。

由上例子來看，離本體越遠的戰爭越安全，所以有了「意透對手背後遠方打點」的想法，接著實現了「意透對手背後遠方打點」之「意力不分」、「化、鎖」等的開發，以及由我人背後向對手背後發勁的訓練，都是為滿足遠方作戰的需要而設計的。

三、動步中戰敵之先

既是接戰應敵，為何一定要等對手啟動後才跟著相對運作？何不將被動化為主動？何不將時間及空間據為己用，爭取主動權？因此，對手為前進方式，連打帶衝地出擊之際，我人也可快步地動步前進，並在動步中邊進邊接勁，將接勁的作為（腳底的穿旋或穿旋深度、能量大小，隨對手的速度、力道，憑目視或直覺判定，而相對作為）於接敵前的時間及空間中瞬間完成，待雙方一接手即可發射勁力。

或是對手在原位，我人可以上段敘述的接勁方式，迎上前去，輕沾接點，「意透對手背後遠方打點」，勁如一列（兩手則為兩列）飛快的火車，由勁力的起點（起站），快速通過接觸點（過站不停），奔向對手背後遠方打點之終點站。

在未接敵之前即有戰勝對手的氣勢，且已蓄勢待發，接上即打，快速無比。勝敗於我人的舉手投足之間，在動中誘敵、在動中破敵。

四、由一成功力打起

此觀念脫胎於 1982 年的福克蘭群島戰役。1982 年 4 月 2 日阿根廷派兵進攻福克蘭群島,當年英國宰相柴契爾夫人(外號鐵娘子)果斷堅毅,3 日英國即時成立戰時內閣,決定派艦隊前往福克蘭群島,並於同月 5 日出發,24 日英軍首批艦隊抵達福克蘭群島附近的南喬治亞島附近水域,25 日英軍攻佔南喬治亞島。歷經海戰、空戰及陸戰,雙方互有傷亡,戰事最後於 6 月 14 日,阿根廷守軍投降,戰爭結束。

此戰役中,當時英軍不是讓戰鬥部隊先在國內基地,經相當時日的訓練、整裝後才開赴戰場的。艦隊含陸戰部隊兩天後就出發,遠赴南半球(英國地處北半球)須 19 天航程的阿根廷,部隊在艦上加緊操練,有如倉促成軍的部隊去面對以逸待勞的阿軍,情勢顯然不利於英軍,但英軍卻敢於快速應戰,可見平時訓練的紮實及軍備的精良。

不待七、八成火候的充分具備,才出擊的作戰思維,給了我極大的啟示。在實務上,雙方一搭上手的電光石火之間,雙方那容得對方一切準備好再挨打?所以才有「對方勁未出盡,未變招之前」是最好的發勁時機之說法。加上個人多年來陰陽運作的熟練度提升,已能從一成功力的太極結構,在瞬間內創造無數太極結構的加壓累積能量的能力,更加強了「由一成功力打起」的思維。

五、仁道的接戰思維

「武」者止戈也,不是為武而武,是為了和平。人們為

了興趣，透過武術學習的一拳一腳，或動或靜，從內心覺察收放自如的肢體操作，性情變的沉穩堅定，經由肢體的鍛鍊而強健體魄，達到健身、強身、防身的效果。

武術融藝術、學術、哲理、心理……於一爐，集健、力、美於一體，胸懷仁道的氣度，化干戈為玉帛，以武會友，不以武傷友。

六、虛擬空間的開發

人體的實體空間由於是由實質的物質所構成，因此在勁、力的傳輸時會因實體物質的阻礙而生變，加上手肘的下沉、上升、外翹，腰部的不當旋動，或因膝蓋的屈折等狀況，使勁力折損轉向，甚至於於路線太長（如：由手接到腳，再由腳回到手，總距離約 4 公尺），而耗時。

虛擬空間的開發，除可大量消除以上的缺失之外，身形的變化減小，速度加快（無實體物質的阻礙），「以意催勁」的能力也可逐漸被培養出來。

因此，運作空間成為「實體空間接、實體空間發」、「實體空間接、虛擬空間發」或「虛擬空間接、虛擬空間發」等三種，依功夫層次及狀況需求，自行擇用。

七、續航力的創造

「續航力」表示持續航行的能力，續航力越大功能性越強，此交通工具所用的特有名詞，借用於太極拳領域中，即類似在書上看到「發人數尺或發人尋丈」的字眼。

然而，續航力如何與發勁相結合？以我的經驗，勁力長度先從「得寸進尺」練起，接著「得尺進丈」，為距離上的訓練；另外是數字的訓練，例如 1！唸到 5！或由 1！唸到 10！的訓練。最後將數字與長度合併練習，達到續航力的創造。

八、向自己找空間

　　任何人上手之後，幾乎都不願讓對手輕易地向內挺進，因此，撐頂的情形屢見不鮮，除非高手故意設計為陷阱，則另當別論。

　　既要前進，又要敵人不知道，豈不是兩難的事！所幸，諺語「山不轉，路轉，路不轉，人轉」，同理「你不給，我自己創造」，前進的反向是自己，向己方求，既具有絕對的自主性，又具有「引進落空」的效果，對手無法有效聽勁，極易落入下風。

九、「陰陽相濟」的接發勁處理方式

　　在《陰陽相濟的太極拳》中，用了全書近三分之一的篇幅，敘述我由太極圖及世間萬象的觀察中所體認的「陰陽相濟」。

　　這個「陰陽相濟」不是「先陰後陽」有明顯時間差的陰陽相濟；不是「陰消陽長，陽消陰長」的陰陽相濟；也不是以「線」的方式運作，進行空間轉換的「同時間不同空間」的陰陽相濟；而是「同時間同空間」的陰陽相濟，所謂「同

時間同空間」的陰陽相濟，係以接點就是發勁點的「點」方式運作。

　　陰陽在體內運作時，其「時間的快慢」、「能量的大小」、「距離的長短」之對比數值相等、同時反向進行，具有「陰陽運作比值相等卻又同時反向作為的結構」之內涵。

十、「同時同空」的接發勁處理方式

　　「同時間不同空間」的陰陽相濟，及「同時間同空間」的陰陽相濟，兩者在「同時間」上完全相同，可不討論。

　　所不同的是「不同空間」及「同空間」兩句話，其差異在於發勁時，勁力發放所通過的點是在那個空間通過，以資區別。

　　「同時間不同空間」是講經過陰、陽的轉換運作後，原陰、陽的點不在原點上，如「左重則左虛，而右已出」的陰陽相濟，若左手受力時，受力點陰化為虛空，轉由右手發勁，以左右手換位的「線」方式運作。發勁時勁力通過的點不在原接點上，已作了空間的轉換。

　　「同時間同空間」是指原接點就是勁力發放通過的點，空間並沒轉換。例如「點」的發勁，直接在接點上經陰陽轉換，或是腳底向下穿旋作陰、手臂向上旋出作陽，形成太極能量後，均由原接點勁射而出，不同的思維會產生不同的訓練方法或運作方式，展現為實務的風貌、效果也就跟著有所不同。

　　至於「同時不同空」、單一組合的「同時同空」及多元組合的「同時同空」之比較等，請參見《細說　陰陽相濟的太極拳》P.143～P.145。

十一、無招、無式、無形、無相的接戰方式

千招萬式背不完，以招對招不勝其煩，放下招式何等自在！無招、無式、無形、無相的思維，會讓我人早日邁入內勁的開發上、內在的修為上。有了勁力，就可展現「何處挨，何處發」或「渾身無處不太極」逍遙自在的接勁與發勁。

十二、「以快打慢」、「以強打弱」、「以大打小」、「以多欺少」的信念

參見《細說 陰陽相濟的太極拳》P.175～P.177 的說明。

貳、接發勁的訓練

一、「太極之體」與「太極之用」的內涵

太極勁法離不開「太極」兩個字，太極之「體」指太極「矛盾對立而統一」的結構；太極之「用」指太極「有上則有下，有前則有後，有左則有右」的變化。

太極勁法在舉手、投足之際，腳與手之間、腳與腳之間、手與身體之間或單一系統內，都要建立起比值相等、互相協調的陰陽關係，這個關係就是「體」。因此在盤架子時每一式子中，都要有陰陽的結構在其中，式與式之間有陰陽在轉換，有體斯能用。

在「用」時，如①腳底不斷漩渦下旋的同時，腳踝以上的腿部系統應等量、等速地有龍捲風似上升的擰轉作為（垂直軸的操作）；②手臂的上臂向後與前臂向前的擰轉，也要有越旋越強，越旋越開展的感覺（S形延展手）；③腳底不斷漩渦下旋的同時，全手臂應與腳底等量、等速、反向地向前旋出去（有下則有上），都是雙向同時反向運作的。

二、開合的認識與學習

開與合是對立的，又是統一的，是相輔相成的。如欲開必有合，有合則有開。開與合概括了太極勁這個統一體中的兩個方面。同時開合的說法有很多種，在此不做全面闡述，僅以胸背的開合，舉例圖示說明如下。

1. 圖示（胸、背部的運作）
（1）接勁－後合、前開（後合前開在同一作為中）

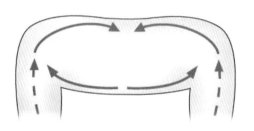

圖 61　後合前開鳥瞰圖

後合 ── 將對手來勁力道經上臂向後引向夾脊（陰收）
前開 ── 雙胸向左右旋開（陽）

（2）發勁─前合、後開（前合後開在同一作為中）

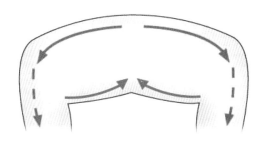

圖62　前合後開鳥瞰圖

前合 ━━▶ 左右胸向中央後方旋動（陰）
後開 ━━▶ 由背部向左右旋向前方（陽放）

2. 與「牽引手之第一動、第二動」相配合（下上相隨）

（1）接勁──後合、前開與牽引手之第一動相配合
　　　　　　（身向前手向後）
（2）發勁──前合、後開與牽引手之第二動相配合
　　　　　　（身向後手向前）

3. 與「負陰抱陽」相配合

　　由牽引手第二動產生之勁力，推移前胸（含上身），使身體向後移約一手掌長度（使身形移向後腳成垂直腳），並在前腳向後腳推移之際，將推移之勁力由後肩、背部陰沉入腳底，與由後垂直腳入樺後，腳底持續向上旋起之勁力相匯合於夾脊，進而形成發勁能量。

三、勁路的圖示（陰陽的軌跡）

　　勁路的圖示，以近於立體透視的角度予以呈現。在兩人接手的情況下，詮釋的重點偏重於有勁路路線的右邊那一位。向下走的路線代表陰的路線，向上走的路線代表陽的路線，在這裡暫以「陰先陽後」有①及②的順序說明。

　　待他日「陰先陽後」的修為已熟稔後，須提升到近乎於「陰陽同出、陰陽同在」的運作能力，即在每一個動作之中，都要達到「陰陽比值相等卻又同時反向運作之結構」的實現，始能滿足接發勁的需求。

　　以下例舉五個圖示，簡述初期勁路的訓練與培養，後期的陰陽勁路則皆為①之同時存在，始為完美。

1. 單腳直接直發勁法

　　從搭點處將來勁力道從手臂、雙肩、雙夾脊部位，以圓化方式，由背部、臀部、腿部接引於腳底，再由腳底循原路線發勁回去。（圖63）

圖63

2. 單腳旋接捲發勁法

從搭點處將來勁力道，以旋接（螺旋方式）或漩接（漩渦方式）接引於腳底，再由腳底循原路線捲發回去（如龍捲風）。（圖64）

圖64

3. 雙腳發勁法

從搭點處將來勁力道，以旋接（螺旋方式）或漩接（漩渦方式）接引於雙腳底，再由雙腳底循原路線捲發回去。（圖65）

圖65

4. 雙腳發勁法

雙腳可獨立行使陰陽轉換的功能，即「一處有一處虛實，處處總此一虛實」的運作。（圖66）

圖66

5. 搭點陰陽轉換接發勁法

從搭點處以陰陽轉換方式，接勁與發勁同時進行。此種接發勁法能量稍差，但速度快，具有第一時間封鎖對方來勁力道，產生有效攔截的效果。（圖67）

圖67

以上勁路的培養，係指初期由①到②，有時間差的練習法，待技藝純熟之日（後期），則陰陽的運作能力，須由先①後②的作為，提升為同時為①之「陰陽同出、陰陽同在」的層次，始可在 0.X 秒之間達到「何處挨何處發」、「渾身無處不太極」境界的實現。

四、溝渠灌溉理論的實務

藉由農作物澆水灌溉，需藉由溝渠中有足夠的水量，才得以進行的道理，移入人體的接發勁訓練中，雙方未搭手接勁前，上手中以己意向「下」穿旋引動地力，節節向「上」貫串而起的氣勁，經腳、腿、身軀、手遍佈全身，這時被觸及的任何接點處，都有如氣場般會自然抵制或承受來勁力道。進而轉為發勁的需要時，勁力快速而飽滿。

五、呼吸的竅要

呼吸或稱為「吐納」，一般呼吸分為，吸氣時腹部擴大，呼氣時腹部縮小的「順呼吸」，及吸氣的時候小腹微微內縮，呼氣時氣沉丹田的「逆呼吸」兩種。

太極拳通常講「吸氣氣貼背，呼氣沉丹田」，所採取的是「逆呼吸」的方法；我的個人經驗，吸吸時腹部既不擴大，也不內縮的腹式呼吸，採自然呼吸方式。惟接發勁時皆為吸氣方式運作。

六、漸進式、滲透式的運勁方式

以烹飪為例，如「泥鰍鑽豆腐」這道菜，是由冷水開始逐漸加溫的過程使泥鰍鑽入豆腐，若將泥鰍直接放入熱水

中，這道菜就無法完成。也就是漸進式的運作方式會使對手難以察覺，但真實的勁力已在滲透進行中，當對手真正覺察時，為時已晚。

將俗諺：「小不忍則亂大謀」的概念移進實務上，漸進式、滲透式視為小忍，將對手發出視為大謀，也就是說「小忍可獲大謀」！

如為「擊敵如迅雷不及掩耳」的運作方法，看似快速，卻給人強烈而清楚的感覺（因為容易暴露形相的關係）。同時在實務中，在課堂與我練習中，慣於快速出擊或追加一擊的學生，幾乎從未討到便宜。

七、背部的接發勁訓練

背部的接發勁初期採「線」的方式訓練，先由接觸點將勁接入腳底，然後再由腳底向接點發勁的運作方式，由於是「線」的走法，路線長時間慢，難符需要。待「點」接勁能力具備之後，則在接觸點上直接以「點」處理（何處挨何處發！）。

八、前後的接發勁訓練

前後的接發勁訓練，先由各關節部位的對拔拉長練起，接著練「三直發勁法」，再接著練習「前後的發勁法」，最後練到隨時都能同一時間前後發射（如《細說 陰陽相濟的太極拳》之封面），始臻完美。

九、化勁的訓練

「化勁」是一項很深的學問，有的人想法是「化到身外

去」，有的人想法是「化為我方打擊對手的能量」有其認知上的差異，更有其功夫層次上的深淺。在此僅以「引進落空」及「引勁落空」兩種思維及運作方式，分別介紹說明於下：

1. 「引進落空」

是以「空間距離」的進退，進行接化的作為。以空間的進退進行接化的作為，我的心得可分為以下三種運作方式：

①粘連黏隨法：等量於對手來勁力道之陰（接化）的作為，接觸點與對手保持「不丟、不頂、不抗」的運作方式。

②似接非接法：稍大於對手來勁力道之陰的作為，接觸點與對手維持「若及若離」的運作方式。

③斷手接發法：倍數於對手來勁力道之陰的作為，使對手在接觸點「劇烈落空」的運作方式。

※斷手：指截斷對方來手之同時發力進擊之謂也。從形跡上來講是截擊對方所來之手，從勁力上來講是斷對方所發之力。

以上作為，因運作需要「空間」，以致產生「時間」的問題，以及「露形露相」的外相顯現，有陷己方於不利情境的缺點。

2. 「引勁落空」

不以「空間距離」的進退（原空間），進行接化的作為。接點不進不退的方式，將對手之來勁力道由接觸點經「實體空間」或「虛擬空間」引入大地之下。

以「原空間」進行接化的作為，可分為二種運作方式：

①純接法之「引勁落空」：以接點不進不退的方式，將對手之來勁力道由接點引入大地之下；此法雖優於「引進落空」，但僅純接無反陽難以應敵。

②接鎖同時之「引勁落空」：接勁中含鎖勁，既具有防護力、承受力，幾乎可隱藏外相，可將空間、時間歸零之外，又合於陰陽相濟之理。

十、「鎖勁」的訓練

「鎖勁」是一個稀有名詞，是在「陰陽」運作，與「意」運作並行的歲月中提煉出來的心得。早期是透過腳底「陰」與「意透對手背後遠方打點」的作為組合而成（見《陰陽相濟的太極拳》P.192 第一行『我體內的感覺就如同是被巨人給一把抓住……』，其中『被巨人給一把抓住』就是「鎖勁」的意思）；近期已能單獨由手部進行「拋」、「纏」的方式，以「意」鎖住對手的相關部位。

在發勁之前能鎖住對手，則對手進也不得、退也不是，發勁就顯得輕鬆自在，因此，有了「化、鎖、進、打」的看法，在「接發化打」之中多加一個「鎖」字，成為「接發化鎖打」。於是「能接才能發」的說法，可進一步說是「能鎖更能發」！

十一、「悶勁」、「截勁」的訓練

「悶勁」、「截勁」出自武式太極拳，在技擊上的表現，不重招勢外形，所重的是勁打勁，也可說是「重接勁打勁，不重招數外形」，與我所強調的「無招、無式、無形、無相」看法是相似的。在「勁」的處理上，當對方的勁將要

出來，但還沒出來的時候，迎頭給他打回去，是為打「悶勁」；對方的勁已經出來了，但還沒發充分，威力剛剛發揮，還沒有到最大時，就給他截斷，是為打「截勁」。

　　以軍事作戰為例，日軍偷襲美國珍珠港海空軍基地的方式就類似於打「悶勁」，以反飛彈攔截飛行中的飛彈是為「截勁」。這兩種勁在軍事上因有雷達等精密設備的關係不難發揮，但在太極勁法上要能悶住對方的勁，或攔截對方的勁，若非對自身勁路及對手勁路彷如眼見的洞悉力，是無法實現的。必須在與對手相接搭手之際，對於以下五項的修為有相當成就後，才可能。

1. 能懂得自身及對手身上勁的源頭、勁的流動、勁的落點。
2. 當下能懂得自我身上的陰陽結構。
3. 當下能懂得對手體內的陰陽結構。
4. 能清楚了解雙方相搭之際與對手相互之間所形成的陰陽結構狀態。
5. 有與對手相搭之際轉換陰陽、因應對手變化而快速變化的能力（因敵變化示神奇。）

十二、「意透對手背後遠方打點」之實務

1. 打到打點上：例如由 1 打到 5，「意力」由 1 打到對手身上或背後之打點（5）上即止，不再管 6、7、8 等之空間。
2. 由打點打起：例如由 5 打到 10，「意力」由打點「5」打起，往 6、7、8、9、10 等空間前進。
3. 送到目標區：例如由 1 打到 10，以默唸數字方式，將「對手」送到目標區（10）為止。

十三、落空與補空

　　「落空」者，指以動身形的「引進」，或不動身形的「引勁」方式，將來勁力道沉落消失之意（沉落消失於虛空或沉落於我人腳底，其內涵大有區別），此項作為多在雙方由上手到接搭手的瞬間之作為。

　　「補空」者，是指填補空隙之意，在技擊層面談，所要填補的部分，大約可分為兩個方面探討，第一個方面是與對手接觸的接搭點處之處理，第二個方面是自身體內與接搭點處間之連繫狀況問題。

　　從「與對手接觸的接搭點處」看，雙方接觸的剎那，可能是輕度接觸，可能是中度接觸，也可能是重度接觸，不論何種接觸面，總會有空隙的存在，此時若直接由手出擊（陽），對手的感應（聽勁）會很敏銳。因此要先有陰陽的運作，填補此空隙使與對手無空隙地合為一體，讓對手失去聽勁的能力，而俯首稱臣。

　　從「自身體內與接搭點處間的連繫狀況」看，由腳底到接搭點處之間是否有一完整的連繫線（可以是勁路線，也可以是支撐線），若無此線，有如飢餓空乏時，全身癱瘓無力般使不上力！所以要以「溝渠灌溉理論」的道理，先使軀幹通路有了氣勁，才能與接搭點處相連繫，於是由我人的腳底，經自我軀體，再經接搭點，到達對手的打點，能連繫才能完整一氣，才能內外相合、下上相合。

　　由上分析大致可知，「落空」屬接勁時之當下作業，「補空」屬發勁時之前置作業。

十四、「意力不分」的訓練

意力不分的道理,在「『意力不分』之我見」一文中對其重要性已作陳述。其訓練方式為「意」、「數字」與「勁力的運使」相配合,例如:唸1!時向對手以「意」進半尺,勁力即能送到半尺的位置;接著唸2!推進到1尺,勁力即能送到1尺的位置;餘類推。

到了操作能力相當稔熟後,再往1!為1尺,2!為2尺(是1尺+1尺,不是1尺+2尺)或1!為2尺,2!為4尺(2尺+2尺)的長度挺進。

十五、「體、面」的發勁

發勁時身軀係整「體」、全「面」地向前發出去,看似強勁有力,但動作大,身形體相明顯暴露,稍有差池(例如身體先出或後腳底懸空等),一去不回地前衝出去,易為對手牽帶而出。這種發勁方式,多為起步階段的發勁練習。

十六、「線」的發勁

「線」的發勁,係指以腳出手回或腳回手出,即同時「有前即有後」或「有上即有下」的方式運作。其形態呈現方式為① 發人者 ←→ 被發者

② 發人者 ⇄ 被發者

③ 發人者 ↭ 被發者　等多種形態。

十七、「點」的發勁

若對手出手速度極快,我人沒有可運作勁路的時間或沒

有可運作的空間之狀況下，卻又必須接發勁的話，惟有靠
「點」處理才可能解決問題。

那裡接就那裡發，這種「點」的處理相當不容易，非具
有相當的火候，是很難發揮的出來的。「點」的發勁，簡單
介紹如下。

身軀（由上而下鳥瞰圖）

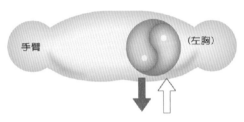

手臂　　　　　　　　　　　　　　（左胸）

圖 68　左胸（或右胸）接發勁法

上圖右邊空心箭線的箭頭處，代表對手的來勁落點，我
人先以「陰」接方式化解，接著左邊的實心箭線，表示以
「陽」發方式將勁力回轉給對手。「陰」、「陽」的作為，
需在幾乎同一時間（約半秒以內），陰陽比值相等的陰陽相
濟運作下，才具有承受及發放的效果。

※其餘請參見《細說 陰陽相濟的太極拳》P.133~P.134

十八、接勁發勁的實用技巧

1. 接勁

首先要有「聽勁」的能力，聽勁不是用耳朵聽。很多人
是透過推手的練習，用手、身體的觸感去聽，從搭點處測度
來勁力道的大小、方向、意圖等。講到聽勁就難免涉及理念
思維的問題，很多人總是說要能達到「一羽不能加、蠅蟲不
能落」，且又能「粘、連、黏、隨」而能「不丟、不頂、不

抗」的境界，這種看法有其思考面。然而在一陣纏磨再伺機發勁的狀況下，已是「先陰後陽」有時間分隔的太極勁法，而不是「陰陽相濟」統合為一的太極與我所強調的「無招、無式、無形、無相」看法。同時在纏磨的過程中對手的陰陽變化不易掌握，而自己一味地曲伸蠕動也難免暴露自我缺失的可能，給予對手有繼續施勁、發勁的機會。

　　搭點不進也不退，由搭點以初階的接勁或中階的接勁方式接引入腳底，因勁接於腳底的關係所以已是「不丟、不頂、不抗」的狀態，「不丟」者對手的手仍然在原搭點上、「不頂」、「不抗」者對手的來勁力道已成為我方腳底的蓄勁，在我方未發勁之前，不存在「頂、抗」的問題。

　　這種能力的呈現，其前提是平日裡先要練到對方勁力加在我方身上時，接點處幾乎不動而能由接點處抽卸對方勁力於腳底，待對方快速抽手退回去時，我方人身及重心不會因此而崩出去、衝出去，這種能力的培養是不可或缺的途徑。

　　同時搭點處能在第一時間作出陰陽轉換的話，則對手的勁力因我方陰的作為而被消解，又因我方陽的作為被封鎖而困死在接點上，其後主動控制權全在我方。這種點的路線速度快、勁道整！因此，如何在原接點上下工夫，既是一種思維也是一段需要投入的歲月。

2. 發勁

　　常言道「能接才能發」或「能接必能發」，可見得要發勁，接勁是重要途徑。然而接勁接的對不對，接的合不合理，必須與發勁同時進行，從中去發現問題所在。此外在接勁、發勁中發生的問題，還須從拳架的結構中或拳架的運行

中找問題。

在未達完美境界之前，每次與同好切磋發勁時要能即刻找出自我的缺失，也要能找出對方的缺失，試著自己能當老師，因為老師不可能隨時都在我們身邊的，要試著自我成長、自我學習。

發勁起始到對方被發出去的過程中及發出去後，自我人體全身舒暢或不順暢的感覺與以前是怎樣的不同？要能達到前後腳可以個別發勁，雙腳亦可同時發勁，日積月累地習練、體會。

當我們的接勁能力逐日增強，發勁效果也不錯之後，發勁時大致還須注意的問題，是發勁後不可一路發到底而不探討過程中存在之問題，例如，要能感覺出在接點處是否有與對方頂抗之情形？對方是否正在接勁化勁？自己的勁路是由手推出、由腰轉出或腳底旋出？雙方皆為陰之運作？皆為陽之運作？己方為陰對方為陽？己方為陽對方為陰？或雙方皆為陰陽相濟、陰陽同出等之感應？除了隨時了解對方之作為、實力外，也須隨時修正自我背勢為順勢或製造陷阱，化、鎖、進、打，一發之後無有不變，在變中克敵。

十九、接戰時太極陰陽之處理

接點處（以手為例）能轉化陰陽（小太極——點太極）之外、並能將接點處的陰接引入腳底（大太極——手到腳之間構成陰下陽上的太極），形成腳底的陰接（中太極 腳底板的操作範圍大於手的接點），再由腳底反陽到原接點上，所以若在單腳及單點運作的情況下，一個接發包含了一個小太極，一個中太極，一個大太極；又若為雙手承接及雙

腳同時運作的情況下，至少有兩個小太極，兩個中太極，兩個大太極。

經由不斷的訓練後，接勁時要試著「聽」出來勁力道之能量、速度、角度，以同能量、同速度、同角度的「陰」接作為，然後轉為同能量、同速度、反角度（折疊的關係）的陽放作為。

先由與對手「陽」能相等的「陰」陽作為開始。能力增強之日，陰陽的作為要永遠比對手大而深、身體反應可達似挨未挨，或斷手的接法，於是「以強打弱、以快制慢、以大打小、以多欺少」的特色就可展現出來。

二十、身體姿勢檢測

身體姿勢，如各人的自我站姿慣性、接手時的及發勁時的身體運作方式等，都關係著發勁的效果，因此，應依學生各人不同的特質狀況，調整其身體姿勢是否偏前、偏右、偏斜、背部為凹、為圓背或垂直軸的存在等，一直都是課堂上經常進行的重要課題，正好可與下例對照。

（資料來源：2008 年 3 月 17 日中國時報　運動新聞版）

「台灣之光」王建民今年春訓依舊有投球姿勢走樣的問題，洋基投手教練伊蘭德則傳授絕學「只差球」（只差一顆球），由於動作時並未持球，不至於造成建仔的肩膀負擔，對於姿勢的要求也更能落實。

建仔先前慘敗給紅人的關鍵，是壘上有人時的固定投球法，略為屈膝的動作使得跨步太大，進而影響球的進壘角度與威力，因此固定式投球和步幅都是伊蘭德緊盯的重點。

可見各種動作姿勢的正確、精準度與否，關係著各該項運動的運動效果、舞蹈的視覺效果、武術的功夫效果，或其他項目的效果、所以在每一舉手投足的作為中，都須用心地檢測。

二十一、「有為法」與「無為法」的陰陽運作法之比較

1.有為法

（1）垂直軸運作法　　　　　　（2）手臂陰陽對走法

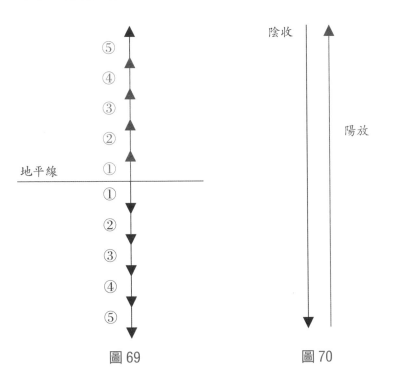

圖 69　　　　　　　　　　　　圖 70

　　以上是下上等速、等量之陰陽運作圖示，左為垂直軸運作法，右為手臂陰陽對走法。

2. 無為法（漏沉法）

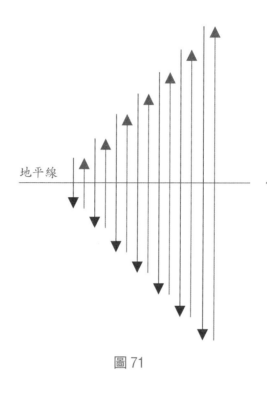

地平線

圖 71

只作陰不作陽，由陰生陽；陰抽洩的最高點，即陽升之最高點；漏空多少的「陰」即會自動遞補多少的「陽」。

二十二、打地鼠遊戲

「打地鼠遊戲」是兒童遊樂場中，當「地鼠」冒出頭時，遊戲者即以手中的槌子搥打的一種遊戲；同理當我人能清楚明白在陰陽勁運作下，陽勁在身上升起的速度或位置時，即以「意」對陽勁採壓制方式，使陽勁由原高度向下擠

壓，於是在上下擠壓之下，下股陽勁會升的比原高度（第一
次）還高，再被壓制擠壓之下，陽勁會升的比第一次高度還
高（第二次），如此連續幾下，即生增壓效果，能量倍增。
有如小孩子玩的竹筒水槍，活塞多抽拉幾次，蓄積水量越
多，蓄積量加多，則射出來的水量大、距離遠。其圖示如
下：

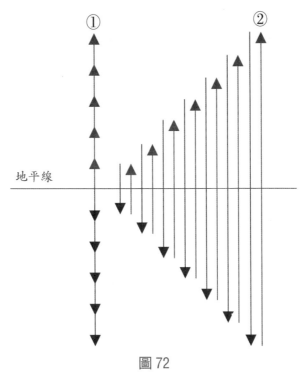

圖 72

　　上圖①是陽勁（紅色線）的高度及次數的變化，②之陰
（藍色線）即打地鼠之作為，於是凡有陽起必有陰下，形成
雙陰雙陽的運作方式。同時此遊戲的基礎，在於「陽勁在身
上升起的速度或位置能清楚掌握」才可能，否則是玩不出這
道遊戲的。

參、速度的訓練

一、必要性

太極勁法（或太極拳）是一種武術，武術總會有試手、接戰的時候，接戰之際勝負常在一觸之間（一觸即發），「快」是勝利的重要因素之一，同時就拳經、拳論而論，也有「粘黏連隨」、「動緩則緩隨，動急則急應」、「敵不動，己不動，敵微動，己先動」、「後發先至」或「先下手為強」等與「速度」有關的論述，因此重視「速度」的練習是必要的。

二、認知性訓練

1. 先陰後陽的練習

即接多少讀數，發也多少讀數，假設剛開始接勁的讀數為 1！2！3！4！，接著發勁的讀數也是 1！2！3！4！。接勁時是將對方來勁力道越接越多、越蓄越多，其走勢為由上而下，有如上小下大的的圓錐體。發勁時將越蓄越多的能量反發回去，其走勢為由下而上，有如下小上大的圓錐體，見下面圖示。

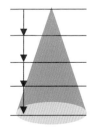

接勁

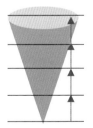
發勁

圖73

在左上方的接勁過程中以心中默唸 1！2！3！4！完成，由小陰到大陰越接越多。在右上方的發勁過程中也以心中默唸 1！2！3！4！完成，由如小陽到大陽越發越多。

此一個接勁發勁共花掉 8！的默唸時間，還不在陰陽相濟合而為一的要求，在實務上還難以應戰的。還必須練到如圖 4、圖 5、圖 6、圖 7、圖 8 之陰陽同在、陰陽同出才行。

2. 陰陽同出、陰陽同在的練習

如第一章 參 陰陽的動作（太極結構）中之圖示，每一動作均包含陰陽在裡面，陰陽同在、陰陽同出地緊密結合在一起。 每進步（縮短）1！個數字，其接勁發勁的能量要跟前面練習時接勁發勁的能量一樣順暢，則接發同時、陰陽相濟的功夫才算有了火候。

三、落實性訓練總

認知性的，誰都會說：「我知道！」，但這祇是「心知」而已，還沒進入「身知」的層次，提升速度的概念要時時出現，反應於每一項的練習中，呈現於每一舉手投足間。

1. 實務練習

以「左後腳移到右前腳」或「右前腳移到左後腳」各為 4 動的 4 動法為例：

（1）雙腳均為陰陽同出練法，且雙腳間又有陽出陰接的運作方式在裡面。

（2）各動不要超過 0.5 秒，4 動總和不超過 2 秒。

（3）由不超過 2 秒的訓練，漸進於 1 秒，再進於 1 秒以內。

（4）接戰時沒有移位的外形，祇有心中的 4 動軌跡即可發勁。

（5）實戰時，與對手相互動步中，能快速完成前 3 動，接手之際就是第 4 動發勁之時。

2. 精進練習

每一個動作或功法的練習，在不改變原有動作的流程下，由 5！→4！→3！→2！→1！；由 1 秒→0.9 秒→0.8 秒→0.7 秒→0.6 秒→0.5 秒→0.4 秒或 0.3 秒、0.2 秒、0.1 秒的實現；或上、下、前、後、左、右「統合為一」一氣呵成的運作能力，越加精進。

同時不論功法的訓練、拳架的運行，接發勁的處理，除了局部動作由慢到快，由局部擴及全體的訓練之外，還要提昇到心念為「1！」，「一觸即發」及全身「一動無有不動」整體勁的呈現，始臻大用。

3. 變化練習

接戰貴神速，勝人在一沾之中，既是接戰的需要，也是一種藝術的表現，除了單次接發擊打的速度之外，上手的啟動速度、運行到位的速度、手法的變化速度、過程中轉向的速度（如折疊）、或反應的速度等都還有加強練習的空間。

第八章　拳經、拳論的研修

代代相傳且不斷增添的拳譜（即拳經、拳論、歌訣等），是歷代太極拳研修者獲有造詣後，留下的經典名句，理論基礎，是武技的精髓，智慧的結晶。細細地研讀、探討，當可作為學習太極拳的「參考」資料。

太極拳拳譜計有張三丰的張譜、王宗岳的王譜、武禹襄的武譜、李亦畬的李譜、明代陳王庭的陳譜、清代陳氏的陳譜、清代楊氏的楊譜，以及各家傳抄的眾譜等，由這些史實資料中我們可發現到一個訊息。那就是前人的拳譜並非惟一的圭臬，因此，後學者繼續予以修正、補充或拓展前人未盡言的部份。

我們尊崇前人在太極拳上所開創的不朽功業，卻也不自輕我們的智慧能力，前人留下來的拳譜中如有瑕疵的部份，在文化傳承的歷史使命裡，我們當然也有修正、補充的權利和義務，以尋求更真、更善、更美的境界，繼續為太極拳的發揚光大而努力。

個人有幸投入太極拳的領域，在漫漫歲月中看到各地打太極拳的狀況，相較於拳譜中的文句敘述，兩相比對之下總覺得兩者之間少了一條能夠連得上的線，實務與理論兩者互不搭調，實務與理論有著一段距離。經大膽假設、小心求證的結果，大致歸結出以下問題，值得我們探討。

壹、前兩本書提到的問題

在《陰陽相濟的太極拳》及《細說陰陽相濟的太極拳》中提到的有：

一、太極、陰陽的問題

二、拳譜中對於「理」的描述存有不合理的矛盾問題

1.「……有不得機得勢處，身便散亂，其病必於腰腿求之……」之研討。
2.「以柔克剛」的不合理。
3.「步隨身換」與「身隨步換」之探討。
4.「借人之力」、「以柔克剛」、「化勁」、「四兩撥千斤」及「一羽不能加、蠅蟲不能落」之混淆。
5.「彼不動，己不動；彼微動、己先動」之問題。
6.「以動制靜」與「以靜制動」之比較。

三、後人誤解拳譜真實含義的部份

1.「其根在腳、發於腿、主宰於腰、形於手指」重點所在。
2.「一動無有不動、一靜無有不靜」的比較。
3.「一處有一處虛實、處處總此一虛實」的認知。
4.「虛實分清」的看法。
5.「有上則有下，有前則有後，有左則有右」的解讀。
6.「左重則左虛、右重則右杳」的剖析。
7.「蓄勁如張弓、發勁如放箭」與「擊敵如迅雷、雷發不及掩耳」的關係。
8.「一羽不能加、蠅蟲不能落」的看法。

9.「……活如車輪……」的深層含意。

10.「拳打萬遍，神理自現」的可能性。

11.「腰為主宰」的主宰涵義。

12.「不動手」的功能性。

四、引用錯誤思維的部份

1.「天下之至柔馳騁天下之至堅」的片面性。

2.「極柔軟然後極剛強」的立足點。

五、三大拳譜的探討

1.張三丰太極拳經。

2.王宗岳太極拳論。

3.楊澄甫的「太極拳學習要點」。

4.三大拳譜的比較。

以上內容可參見《陰陽相濟的太極拳》P.29～P.60 及《細說 陰陽相濟的太極拳》P.165～P.174 之論辨。

貳、本書提到的部份

一、「動之則分，靜之則合」之定位

王宗岳太極拳論中之「動之則分，靜之則合」，帶給太極拳愛好者的，是正面的價值或是負面的效果？第一以「事實勝於雄辯」的立場看，全世界的家電製品，電訊等，當要使用而啟「動」時，不都是將開關內的陰陽兩極接通以產生

電能？這不是「動之則合」？不用時關掉開關，使陰陽兩極分離不再運作，這不正是「靜之則分」？第二由太極拳本身的拳經、拳論中舉兩項說法來看，其一是「陰陽相濟」，陰陽「和合」才能相濟；其二是「勁」要「均整」，才能展現整體勁。而整體勁是渾身不破體、一動無有不動，合而為一地運作才能實現，不也是「動之則合」的最佳明證？

　　所以，動、靜、分、合四個字，在實務運作上，合理的定位或組合排列應該是「動之則合、靜之則分」，而不是「動之則分，靜之則合」！

二、「仰之則彌高，俯之則彌深」之探討

　　「仰之則彌高，俯之則彌深」的一般解釋，是說人高我亦跟著高、人低我亦跟著低之意，如此說法，若是個子矮的如何跟高個子「人高我亦高」？既高不上又會腳根虛浮！若是高個子如何跟矮個子「人低我亦低」？豈不折腰斷背？

　　同時「仰之則彌高」僅為「陽」的作為，「俯之則彌深」僅為「陰」的作為，都僅是單陰或單陽作為，陰陽同出的「陰陽相濟」效果怎會產生？與「太極」的陰陽同在之本質相背離，怎能論「太極」！？

三、「每見數年純功，不能運化者---」的不合
　　邏輯性

　　王宗岳太極拳論中之「每見數年純功，不能運化者，率皆自為人制，雙重之病未悟耳」這句話讓人覺得好笑，因為「純功」者是功夫下的很純，紮紮實實地練習，怎會「不能

運化」？這是不合邏輯的用語！再者下了純功卻不能運化，這個責任在老師並不在學生，因為可能是老師教的東西有問題，教的方法有問題，才會如此！

在太極拳的學習及實務中牽涉到的問題何其多，「不能運化者」怎必然祇在「雙重」之病未悟耳而已？也就是說「不能運化者」必然與「雙重之病」有絕對的關係？同時「不能運化者」與對手的功夫層次，亦有著直接或間接的關係，因此怎可祇責怪己方？

四、「懂勁」之質疑

王宗岳太極拳論中「由著熟而漸①懂勁，由②懂勁而接及神明」及「陽不離陰，陰不離陽，陰陽相濟，方為③懂勁」中看問題，「懂勁」在全篇中共出現三次。

第一次為「由著熟而漸 ①懂勁」，這時的懂勁是指透過招式的熟稔，懂得各招各式之勁。但第三次在「陽不離陰，陰不離陽，陰陽相濟，方為③懂勁」（王宗岳先生的註解）時則變成能懂陰陽相濟之勁，才叫懂勁。「陽不離陰，陰不離陽，陰陽相濟，方為③懂勁」這句話是指與「陰陽」或「陰陽相濟」有關的事，與第一次指由「著熟」①的懂勁。兩者所提文字（懂勁）相同，內涵卻不相同，豈不怪哉？

第二次為「由②懂勁而接及神明」文句看，懂勁必然與神明有關嗎？請問他是否是神明？若不是，他如何判定達到「懂勁」就可接及神明？或將「神明」解釋為「神而明之」的話，那「神」甚麼？「明」甚麼？全篇找不到註解，可見「由懂勁而接及神明」的用語也有令人質疑的空間。

整體來看，同一個「懂勁」字眼卻敘述著三個不同的問題，可見上下段之間用字及結構是否欠串聯性、欠合理性，欠縝密性？

甚至於前面的「由著熟而漸①懂勁，由②勁而接及神明」與後面的「陽不離陰，陰不離陽，陰陽相濟，方為③懂勁」還可能是分由兩個人寫的，所以才有前後「懂勁」不一致之說法！

六、「用句遣詞」的合宜性

並非每一組拳經拳論的文句，都是合理的，例如武禹襄前輩的「太極拳解」中，有「……行氣如九曲珠，無微不到；運勁如百煉鋼，何堅不摧？……」這麼一段文字，其中「何堅不摧」以我個人淺見，這句話有值得商榷的地方。

在這一段文字的對稱上及意境的表現上，有其韻味，或用在一般文學的創意上，像武俠小說所描述，藉助「××秘笈」、「××神功」以及「××寶典」等成就蓋世武功，登上武林至尊的虛構內容，無可厚非，那到底祇是小說罷了。

但在實務的世界裡，縱然能練到「運勁如百煉鋼」的層次，也不可能「何堅不摧」！因為「何堅」是指所有的堅，那麼坦克的堅，人體的柔鋼之勁能「摧」的了？退一步說，像現代體型碩大又孔武有力的摔角選手、相撲選手或世界級八角搏擊場的勇士們，也能摧？

不過話說回來，武禹襄前輩說這句話的那段時光歲月，現代的坦克，現代的摔角選手、相撲選手或世界級八角搏擊場的勇士們，還沒誕生，當然沒有這項因素可資參考。

此外，過去的文章經常出現「人定勝天」的字眼，然而

自從大陸的唐山大地震，臺灣的 921 大地震、2004 年底的南亞大海嘯，以及最近的四川汶川大地震以來，人類對「大地震」幾乎束手無策，「大地」的災難都難以面對，怎遑論人定勝「天」？所以，近年來的文章已難見「人定勝天」的字眼。

同理、面對武禹襄前輩的這句話，我人的思維是否也應與時俱進，放下「何堅不摧」的剛硬想法？

七、由楊澄甫的「太極拳學習要點」看排列順序問題

由楊澄甫的「太極拳學習要點」排列順序看，大致可看到三個部分的問題。

1. 排水口的問題

人們在看文句的時候，多是順著文句的出現次序而認知、而學習的。因此學習者多是由「沉肩垂肘、含胸拔背、虛靈頂勁」地「由上而下」練習的。但是，試想房屋內排水管通路出口不暢通的話，各樓層的排水或污水不僅宣洩不下，還會反積回原樓層，最後由排水管出口疏通才得以解決（筆者住過的公寓，曾經歷過的事例）。

同理，未作好腳底的出口通路工程以前，卻想由上中盤的作為開始，冀求鬆沉腳底的效果，根本辦不到！

2.「上下相隨」的問題

依楊澄甫宗師在《太極拳體用全書》書中 P.10 提到的「太極拳學習要點」，依序為「沉肩垂肘、含胸拔背、虛靈

頂勁、用意不用力，氣沉丹田、鬆腰胯、分虛實、上下相隨、內外相合，意氣相連、動中求靜、動靜合一」共十二項。

從「相隨」的角度看，要先有「上下」的思維存在，才可能「上下」或「下上」相隨地排列。以「相隨」而論，其排列順序應該是「上下相隨」之「用意不用力、虛靈頂勁、沉肩垂肘、含胸拔背、氣沉丹田、鬆腰胯、分虛實、上下相隨、內外相合，意氣相連、動中求靜、動靜合一」或「下上相隨」之「用意不用力、腳分虛實、鬆腰胯、氣沉丹田、含胸拔背、沉肩垂肘、虛靈頂勁、下上相隨、內外相合，意氣相連、動中求靜、動靜合一」才是，但世人至今所看到的並非如此排列。

3.「太極拳學習要點」排列順序不盡合理

從學習要點的排列順序看，「沉肩垂肘、含胸拔背、虛靈頂勁、用意不用力」屬於上盤作為，「氣沉丹田、鬆腰胯」屬於中盤作為，「分虛實」腳分虛實屬於下盤作為。

人體的上中下三盤提到最多、比重最高的是中上盤的部份，並非下盤，與張三丰太極拳拳經中所提的「其根在腳，由腳、而腿、而腰、而形乎手指」之順序不吻合，也與萬事萬物「由下而上」之理不吻合，可知學習要點排列順序不盡合理！

總而言之，《太極拳體用全書》中的十二項要點，既沒步驟、流程、也沒相隨的概念，予人有雜亂無章的感覺；若依「用意不用力、腳分虛實、鬆腰胯、氣沉丹田、含胸拔背、沉肩垂肘、虛靈頂勁、下上相隨、內外相合，意氣相

連、動中求靜、動靜合一」順序排列，不僅步驟、流程合理，還會提高學習的效果。

參、結語

總括以上前兩本書及這本書所述的，大致瞭解，既因拳譜存在著合理、不合理及似是而非的問題，又因眾人對拳譜幾乎是不加思索地照單全收，以致看拳譜時就像霧中賞花一樣，彷如霧非霧、花非花的情景，迷迷濛濛一片……。

其實一言以蔽之，整套太極拳就存在於「由下而上」、「由內而外」及「陰陽比值相等卻又同時反向操作之結構」中，看似淺顯卻又深奧的哲理中，抱持冷靜客觀態度從源頭（太極陰陽）看問題、對拳譜要字字句句推敲、靜靜地思考、細細地剖析。

從拳經、拳論的研修中可以發現，拳經、拳論、歌訣等拳譜所表達的內容有其精美性，有其矛盾性，有其差異性，有其階段性、也有其瑕疵性，不是完美無缺的，應用心地分析、思考、驗證，才能神理自現。

我的太極拳及太極勁法，所以能不斷地突破、創新，就在於拳經、拳論的研修中，與萬象道理相對照，輔以身體力行的實務驗證，陸續地獲有心得。

於是思維、功法、心法、勁法、身法、練法等一再精進，拳經、拳論的研修是我的太極功夫，成長歷程中非常重要的一個環節，因此，將一路走來的論辨心得向各位同好介紹，以開啟新的智慧窗口。

第九章 境界的昇華
（高級訓練階段）

　　這個階段訓練的是本能反應、境界的再提昇。拳法無規矩而守規矩，處處合於「陰陽相濟」的道理，腳無定位、身無定形、手無定法，周身合一，無處不擊人。在技擊上已從有形有意邁入到無形無意，能隨勢機變，應物自然，展現的是「游於藝」的上乘功夫。

壹、無招、無式、無形、無相的實現

　　當初，各種基本功法、拳架等的訓練階段為「無到有」的階段，所有有為法的學習，都是為了達到「有到無」的境界所經歷的過程。當功夫逐漸上身，已轉化為可隨心所欲的表現時，則可邁向「無招、無式、無形、無相」的境界深造。

　　無招、無式、無形、無相的實現，大致牽涉到三個方面的問題，首先在於拳架招式的放下，畢竟拳架招式祇是一個階梯而已。其次心理上要訓練出不憂、不懼，能坦然面對對手、面對現場情境的情緒。再其次是勁力的養成，無論傳輸的速度、能量的大小，傳送的方式、都能滿足實務上需要，其中尤以「點」接發勁能力的具備為最重要。

貳、何處挨何處發，渾身無處不太極

「何處挨何處發，渾身無處不太極」中之「處」指的是點，不是面，也不是體。「點」處理的基礎在於「體、面」、「線」的發勁能力。要展現「何處挨何處發，渾身無處不太極」的效果，惟有高超的「點」發勁能力才行。

「點」發勁的訓練，在對手的來勁力道向我人身體任何部位進襲時，我人以「陰陽比值相等同時反向運作之結構」處理，且與對手接觸時之接觸點大小相當，若為拳頭即為拳頭大小之太極球體運行，若為手指即為手指大小之太極球體運行。

在運作時以「化、鎖、進、打」、「同時間同空間」及「速度」的組合，在接點上化解來勁力道，在接點上發放勁力，以達「勁發人飛」的效果。

參、勝人在一沾之中

有人說：「內家拳，勝人在一沾之中」，這一沾就可以勝人，令人不可思議。不過，大家可能都有聽過或看過「行家一出手，便知有多少」或「觸手之際，已了然於心」的字眼，以及在第七章 貳、接發勁的訓練 十一、「悶勁」、「截勁」的訓練中所提的修為，也都是在一沾之中所蒐集到的資料。

這一沾的功力，先在於肌膚的靈敏感應能力，繼能感覺對手「勁力」的分布狀況，陰陽的結構情形，進一步可隨即

對其起動點採「悶勁」，對其行進中之勁頭採「截勁」，或對其強點採化鎖進打的作為。

這一沾的功力，彷如高明的中醫師，經把脈而了解病人的病情，且能開出治療的藥方一樣。這一層級不易達成，通常需要正確的指導及許多年的磨練，能聽出對手的勁路情況之後才有可能。

肆、神意穿鎖的能力

至今提出「神意穿鎖」看法或主張的人也許還不多，此能力與上述的三項風格全不相同，前三項都有身體的接觸，這裡所提的是不須身體的接觸，透過「一動無有不動」的身動、帶著「無形手」，對著對手背後遠方打點的「神意」，穩健地向對手前進（或不前進），對手幾乎都有被我人氣勁穿入的不舒服感覺。

這項能力建立在「溝渠灌溉理論」「意透對手背後遠方打點」及「意力不分」的組合上，其中尤以「溝渠灌溉理論」為全程的前置作業，所扮演的比重特別重。

伍、被動發人的藝術

「被動發人」基本上是無發人之意，卻有發人效果的運作方式，通常發生的情況，大致有兩種。

第一種，是在拳架運行的進退之間，均含有「陰陽比值相等卻又同時反向操作」之結構，在移動中或在定式時，檢測者進行測試時，受測者不須任何發勁作為，檢測者會被

「不打自打」地發出去的感覺與效果。

第二種，既不以「陰陽比值相等卻又同時反向操作之結構」運作為基礎，也不作為的方式，僅隨對手的動而動、轉而轉的方式，一路順著對手的運行方向纏、繞、轉，最後將對手從反向放出去，彷彿是對手告訴我人如何將他給放出去的，其中的力量、方向、角度、速度等訊息都是由對手的肢體動作不斷提供的。

本主題是以第二種能力的培養為中心，同時第二種的「被動發人」與「粘黏連隨」並不相同。「粘黏連隨」是有所為的作為（主動性較強），「被動發人」是無所為的作為（被動性較強）。放下接發勁的作為，而以靈敏的聽勁，隨對手起舞，隨對手而吞吐，待對手進入逆勢時順勢放他一把而已。

陸、隨心所欲的漏沉接戰方式

具備「漏沉」能力之後，其操作方式與過去截然不同。過去多為「由上而下」的接下來，再由上方發出去；「漏沉」是啟動我方的沙漏口（足弓），漏洩自我身體重力的同時，以「意」去漏洩對方身體的勁力，使其勁力漏空，僅存軀殼似的狀態，進而「前發或後引」地破敵，奇妙無比！

實務上大致有三種運作方式，一種是「靜態遠距運作法」，係雙方搭手後，啟動我方腳底的沙漏口，同時以「意」抽引對方由腳底到手的 15 個關節部位，經我人身體由手到腳的 15 個關節部位，漏沉入大地之下，使對方漏空；另一種是「動態遠距運作法」，在雙方相互行進間，以

相同於靜態法的方式操作，可得同樣功效。當對手到定位時，以「前發」或「後引」方式加以測試，對手的「根」幾乎已被漏空而不存在。再一種是「本體漏沉法」，當對手的手推在我人身上的剎那，以「由下而上」腳底啟動的漏沉方式，使對手勁力經我人「透空」的空間，漏沉入大地之下，以至對手腳底失去立足點，而無法動彈。

以上三種方法之「靜態遠距運作法」為基本練習之運作法；「動態遠距運作法」適用於未接手狀態下，雙方在相互動步前進的虛擬空間中；「本體漏沉法」適用於身體接觸來勁力道時。

柒、拳架運行中的隨接隨發

此處所謂的「拳架運行中的隨接隨發」，不是指招式運作的隨接隨發能力，而是指盤架過程中「何處挨何處發」的隨接隨發能力。

拳架練習不是為了使用招式，是為了檢視一舉手一投足間，是否能將各項基本訓練套入且組合在一起？陰陽的結構是否存在？當檢測者觸摸身上任何一處，並施加勁力時，是否有「不打自打」的現象發生。

如果沒有「不打自打」的現象，則再檢查「腳下乾坤」、「立體三環轉」、上手的方式、「陰陽比值相等卻又同時反向操作之結構」、「純加法」的步法，身體的姿態、勁力傳輸的方式等問題，終至放下拳架時，一起身一動步間，處處可接發、時時可接發。

捌、具有處理對手出拳的化鎖進打能力

應戰接敵未必在雙方接手後才開始，若對手一上手就是拳打腳踢的進攻態勢，我人還能依賴推手之類的修為？不可能！

人生中雖可不求戰，卻難免需應戰的時刻，所以面對對手出拳的可能狀況也需練習。這裡面涉及的項目非常多，所有功法訓練以及由開始一路學來的能力，在那一剎那幾乎不由得思考，也由不得思考，需以近似於本能反應的方式迎對，隨機反應。

先能氣定神閒（沉靜）地審敵，待對手出拳之際，以比對手更快的速度（速度訓練培養出來的），迎向對手（動步中戰敵之先的訓練）同時揚起雙鞭手（需在平時將『節節貫串手』或『牽引手＋升揚手＋S形延展手』練到本能反應的地步），封殺其空間、瓦解其銳氣，化被動為主動，進而「一觸即發」破敵！

當前面七項的高級功夫已練上身，再經過「處理對手出拳的化鎖進打」訓練之後，面對對手出拳來襲的情況，雖不敢說必勝，但要敗也難。

跋

　　原先還沒寫這本書的念頭，但在 2007 年的年底，期盼，在教學的過程中，傳授者能依循各階段內容施教，受教者能依循各階段內容學習的階段性教、學效果，而編寫的綱要式「教學內容」的完稿，併同已有的勁法心得，激發了我再度寫書的心，於是又埋頭苦幹了起來。

　　其間，書名的名稱是「XX 拳學」、「XX 拳勁」或「XX 勁法」等，都曾再三思量、斟酌，唯太極「勁法」的呈現是我的心得重點，沿用「陰陽相濟」的字義，除與全書「太極之理」、「太極結構」等內容相融合之外，還有書名的延續性，以及詳盡解說的特質，因此，最後取名《詳解陰陽相濟的太極勁法》。

　　本書對於思想的建立，身體各關節部位由下而上階段性的訓練內容，各種理念的認識，所開發功法的成長歷程及價值，接戰的思維，操作的方法等，均有極詳盡的解說及論辨。相當於教科書的性質，足供太極拳愛好者，以及其他拳種的學習者研習之用。

　　在各章的排列上，以一段思維性的專章之後，接著為某一訓練階段的專章，相互交叉的方式安排，閱讀時可獲得調劑的機會。又當初級、中級能力都已上身、各項問題已充分認識瞭解之後，如登高山一樣，一切準備就緒，就可全力攻

頂，成就昇華的境界！

此外，由於內容具有前兩本書的延伸性，所以有一些請參考《陰陽相濟的太極拳》或《細說 陰陽相濟的太極拳》的部份，造成您閱讀上些許的不便，懇請見諒！惟求深入，能同時擁有以上兩本，必有助益。

本書承蒙徐紀老師的指教、賜序；王統世先生的精美插圖；林俊傑先生的封面視覺設計；鄒貴鑑先生的光碟片攝製；顧繼武同學的簡報製作；泰北高級中學拍攝場地的提供，人力的支援；許漢庚先生、彭學偉同學、陶朝聖同學的建言，在此一併致上最誠摯的謝意。

隨書附有關於「陰陽相濟的太極拳（勁法）」之理論架構篇及實務篇（發勁演示）的光碟片，使本書的閱讀性、觀賞性、學習性更加充實，願各位讀者能從中得益，同時也歡迎各位讀者給予指教。

詳解　陰陽相濟的太極勁法

大展好書　好書大展
品嘗好書　冠群可期